Kirschen für den König

Potsdamer Pomologische Geschichten

Marina Heilmeyer

Gerd Schurig

Michael Seiler

Clemens Alexander Wimmer

vacat

Inhalt

Einleitung

Dieses Buch erzählt von den Kirschen mit besonderem Bezug zu Kultur, Bedeutung und Nutzung dieser Früchte am Hofe der Preußenkönige in Potsdam, wo vor allem Friedrich II., Friedrich Wilhelm II. und Friedrich Wilhelm III. Kirschen in ganz besonderem Maße schätzten. Die königlichen Gartenanlagen standen voller Kirschbäume, die das Schöne mit dem Nützlichen verbanden.

● Diese königliche Begeisterung hatte auch auf die Entwicklung der Obstbaumkultur im Potsdamer Umland erheblichen Einfluß und führte u.a. zur Gründung der Gärtnerlehranstalt und der Landesbaumschule. So begann dann auch der gewerbliche Obstanbau, vor allem im Gebiet von Werder, der grünen Havelinsel, *„wo tief im Laub die Knupperkirschen glühn“*, wie Theodor Fontane seine Jugendsehnsucht nach den Werderschen Kirschen in den *Wanderungen durch die Mark Brandenburg* beschreibt.

● Die Entwicklung der Potsdamer Kulturlandschaft nahm mit der Übernahme durch den Großen Kurfürsten 1660 ihren Anfang. Dämme und Kanäle wurden erbaut und schützten die Niederungen vor Hochwasser. Auf den Südhängen der Hügel wuchsen nun Wein und Obst.

● Hundert Jahre später begann die zweite Etappe der Entwicklung dieser *Potsdamer Kulturlandschaft.* 1740 bestimmte Friedrich II. Potsdam zu seiner Residenzstadt. Die königlichen Gärten wurden erheblich erweitert und die Lieblingsfrüchte des neuen Königs, die Kirschen, wurden an vielen Stellen angepflanzt.

'Frühe Herzogskirsche', Redouté, (aus: Duhamel, 1835)

Ernte in Werder,
um 1900

Diese Planungen wurden nach 1840 noch einmal ausgedehnt und sind geprägt von den Ideen der berühmten Landschaftsgärtner Peter Joseph Lenné und Hermann Sello.

● Bis zur Mitte des 19. Jahrhunderts war, wegen der langen Reisewege, der Import von Früchten aus südlicheren Gegenden fast unmöglich. Umso bedeutender war daher die eigene Produktion köstlicher Früchte. So wurde es zur wichtigsten Aufgabe der Hofgärtner, den Hof mit frischem Obst und Gemüse zu versorgen. MH

Kirschbaum in Bornstedt

Die Geschichte der Süßkirsche
Prunus avium

Der sandige Boden der Mark Brandenburg ist für Steinobst wie die Kirschen bestens geeignet. So mögen hier schon vor Jahrtausenden die wilden Kirschen an den sonnigen Waldrändern gewachsen sein. Vogelkirschen nennt man sie heute, weil ihre Samen durch die Vögel verbreitet werden. Gemeinsam mit den Walderdbeeren waren sie die ersten kostbaren und ersehnten Früchte des Jahres nach langen und entbehrungsreichen Wintern.

● Am Niederrhein und am Nordrand der Alpen hat man in frühen Siedlungen des 5.–3. vorchristlichen Jahrtausends erstaunlich viele Kirschkerne gefunden. Die Bewohner dieser frühen Behausungen werden sich die kleinen und wenig schmackhaften Früchte recht mühsam von den wilden Kirschbäumen geholt haben und dabei den ewigen Traum der Menschheit von einem Paradiesgarten voll herrlicher Obstbäume geträumt haben. Was die Kirschen betrifft, so erfüllte sich ein Teil des Traumes, als im Jahre 70 v. Chr. der römische Feldherr Licinius Lucullus die Länder am Schwarzen Meer eroberte. Er besiegte hier den persischen Großkönig Mithridates und durfte 63 v. Chr. seine reiche Beute im Triumphzug durch Rom führen. Das alles wäre längst nur noch den Historikern bekannt, wenn nicht unter den Beutestücken auch Bäume gewesen wären, die, eingepflanzt in die Gärten des Lucullus, des reichsten Römers seiner Zeit, wenig später herrliche Kirschen getragen hätten. Die Pflanzen stammten aus der Stadt Kerasus am Schwarzen Meer, nach der die Römer den

Kirschbaum, aus der Casa del Frutteto in Pompeji, um 50 n. Chr.

roten Früchten ihren lateinischen Namen *cerasia* gaben. So hat sich der Name des Feldherren und Lebenskünstlers Lucullus für immer mit den Edelkirschen als „lukullischen Genüssen“ verbunden.

● Wieder sind es die Kirschkerne die Zeugnis ablegen, daß die edlen Früchte des Lucullus sehr rasch die nördlichen Regionen des römischen Imperiums erreichten. Sie finden sich bereits 50 n. Chr. in Britannien, Germanien und Gallien. Der Naturwissenschaftler Plinius d. Ä. berichtet um 60 n. Chr. schon von vielen verschiedenen Kirschsorten. Im germanischen Rheinland, wo Plinius um 50 n. Chr. Oberst eines Reitergeschwaders war, gefielen ihm die „bunten“ Kirschen am besten. Sie scheinen eine Kreuzung zwischen einheimischen Wildkirschen-Arten und den aus Asien über Rom eingeführten Kulturformen gewesen zu sein.

● In der Landgüterverordnung Karls des Großen, dem *Capitulare de Villis*, sind die königlichen Kirschbäume als unerläßliche Pflanzen für den Obstgarten aufgezählt.

● Aus dem lateinischen *Cerasus* hat sich das althochdeutsche *Kersa* entwickelt, das zum mittelhochdeutschen *Chriesi* wird, und endlich entsteht daraus unser heutiges Wort *Kirsche.*

● Seit im 18. Jahrhundert die Pflanzenwelt ihre wissenschaftliche Ordnung erhielt, werden die Kirschen zur Familie der Rosengewächse gezählt und gehören gemeinsam mit den wichtigsten Steinobstgehölzen wie Pflaume, Aprikose, Mandel, Pfirsich und Schlehe zur Pflanzengattung *Prunus.* Darum heißen heute die Süßkirschen mit ihrem wissenschaftlichen Namen *Prunus avium.* Die wichtigsten Gruppen sind die Herz- und Knorpelkirschen. MH

Die Geschichte der Sauerkirsche
Prunus cerasus

Als Linné 1753 die moderne botanische Nomenklatur einführte, nannte er die Sauerkirsche *Prunus cerasus.* Wir wissen heute, daß die Sauerkirsche nicht vom Schwarzen Meer stammt und mit der Stadt Kerasus nichts zu tun hat. Kerne von Sauerkirschen fehlen in den frühen Siedlungen und sind auch als Versteinerungen nicht gefunden worden. Erst bei Grabungen in mittelalterlichen Städten des 13. und 14. Jahrhunderts fanden sich Kerne der Sauerkirschen. Sie scheinen von Ost nach West gewandert zu sein und stammen wohl aus dem westlichen Asien. Man unterscheidet Glaskirschen, Amarellen und Weichseln. Die Bezeichnung *Amarelle* leitet sich vom Lateinischen *amarus=bitter* ab, und der Name *Morelle* (wie in Schattenmorelle) scheint eine Verkürzung des Wortes *Amarelle* zu sein. Der Name *Weichsel* ist bereits seit dem 13. Jahrhundert gebräuchlich.

MH

'Werdersche Glaskirsche' (aus: Krümmel, Groh, Friedrich 1956)

Alte Bräuche

Rund um den Kirschbaum

Von den vielen Bräuchen rund um den Kirschbaum ist wohl die Sitte, in der Vorweihnachtszeit Kirschzweige ins Haus zu holen, am bekanntesten. Die Zweige dürfen aber nicht irgendwann im Dezember geschnitten werden. Will man alten Weissagungen folgen, sollte dies nur am Barbaratag, dem 4. Dezember, oder in der Andreasnacht am 30. November zwischen 11 und 12 Uhr geschehen. Diese Zweige können jungen Mädchen Auskunft geben über den Zukünftigen. Man hängt dazu kleine Zettel mit den Namen möglicher Kandidaten an die Zweige. Der wird der Bräutigam, dessen Namen an dem Zweig hängt, der zuerst aufblüht. Sollte keiner der Zweige blühen, so wird es auch keine Hochzeit geben. Wenn die Barbara-Zweige bis Weihnachten aufgeblüht sind, bedeutet dies Glück, ein fruchtbares Jahr, gutes Wetter und für Mädchen eine baldige Hochzeit. Blühen sie erst nach Weihnachten auf, dann wird es ein spätes Frühjahr geben, ein böses Vorzeichen für das neue Jahr ist es allerdings, wenn die Kirschzweige gar nicht blühen wollen.

Rätsel

Sitzt eine Jungfer in der Laube, hat einen roten Rock an. Wenn ich sie drücke, dann weint sie und hat doch ein steinern' Herz.

Lösung: Kirschbaum

Mit seiner glänzenden Rinde und der weißen Pracht seiner Blüten steht der Kirschbaum in allen Sagen mit dem Mond in Verbindung. So soll er nur dann reiche Ernte tragen, wenn er zur Blütezeit vom Vollmond beschienen wird. Falls er ausgerechnet zur Neumondphase die Blüten öffnet, dann wird er wenige oder keine Früchte haben. MH

Der Kirschbaum

Wenn ich die Wahl hätte, eine
eigene Kuh oder einen eigenen Kirschbaum.
Lieber einen Baum. So ein Baum frißt keinen Klee
oder Hafer. Nein, er trinkt still wie ein Mutterkind den
nährenden Saft der Erde und saugt reines warmes Leben
aus dem Sonnenschein und frisches aus der Luft und
schüttelt die Haare im Sturm. Auch könnte mir die
Kuh zeitig sterben. Aber so ein Baum wartet auf
Kinder und Kindeskinder mit seinen
Blüten und mit seinem Segen.

Johann Peter Hebel, 1811, *Schatzkästlein.*

Stilleben mit Kirschen und Erdbeeren, Osias Beert, 1608

Stilleben mit den verschiedensten Fruchtdarstellungen waren auch in den preußischen Schlössern ein beliebter Wandschmuck. Gerne enträtselte man ihren Symbolgehalt.

● In der Sonne gereifte Früchte wurden als Zeichen geistigen Wachstums verstanden. Kirschen galten als Himmelsfrüchte, denn sie waren, gemeinsam mit den Erdbeeren, die ersten Früchte des Jahres und damit Symbole des ewigen, paradiesischen Frühlings.

● Neben kostbarem Tafelgerät findet man die roten Früchte auf holländischen Mahlzeitenbildern. Reichliches Essen und Trinken war vom 13. bis zum 17. Jahrhundert ein Zeichen von Reichtum und Ansehen. Der Verzehr der seltenen und kostbaren frischen Kirschen galt als ein sinnlicher Genuß, dem man sich nicht ohne Gefahr für die Seele hingeben konnte. Die Darstellung angeschlagener Früchte oder die Anwesenheit verschiedenartiger Insekten und Schmetterlinge sollten den Betrachter an die Vergänglichkeit des irdischen Daseins und an das ewige Leben erinnern. Man mußte die Wahl treffen zwischen den irdischen und den himmlischen Gütern, zwischen Lust und Begierde einerseits und dem Streben nach Wahrheit und Reinheit andererseits. MH

Sprichwort

Solange der Kirschbaum Blätter trägt, wird es nicht schneien.

Wie schon zu lesen war, hat der Feldherr Lucullus die Edelkirschen 63 v. Chr. nach Rom gebracht. Es wird dann noch einige Jahre gedauert haben, bis die Römer diese Früchte auf ihren Märkten kaufen oder in ihren Gärten ernten konnten. Aus einem antiken Kochbuch wissen wir, daß man „aufregende Neuigkeiten" auf dem Obstmarkt wie etwa die Kirschen, als Abschluß großer Festessen gegessen hat. Für die Winterzeit wurden die Kirschen aber auch getrocknet oder in Honig eingelegt. Ihren Saft nutzte man gerne zur Herstellung der beliebten Obstweine.

● Nach den Diät-Vorstellungen der Antike und des Mittelalters war es wichtig, die Kräfte der Natur, die sich in den Nahrungsmitteln verbergen, in ihrer Verbindung von Nährwert und Heilkraft optimal zu nutzen. Kaltes und Warmes, Süßes und Saures, Trockenes und Feuchtes sollten in idealer Weise miteinander verbunden werden. So galt zum Beispiel die Kombination von Käse und Kirschen als ideale Mischung von Trocken und Feucht.

● Johann Sigismund Elßholtz, der Leibarzt und Hofbotanikus des Kurfürsten Friedrich Wilhelm von Brandenburg, berichtete mehrfach über die Kirschen. So in seinem Buch über den Gartenbau 1666: *„Man isset die Kirschen entweder frisch oder man kochet daraus frische Kirsch-Suppen/oder man trucknet sie ab/oder machet sie mit Zucker ein: einige Art brauchet man zum Kirschwein/auch wird daraus ein Syrup bereitet: wie ihr von einem guten Kirsch-Branntwein mehr Nachricht finden könnet."* [1]

Süßkirschenbaum (aus: *Theatrum Sanitatis,* 1426)

Außerdem erwähnt er das Kandieren, die Mus- und Konfitüren-Herstellung sowie die medizinische Verwendung von Kirschen. Als sein letztes Werk veröffentlichte Elßholtz 1682 eine „Ernährungslehre". Hier vertrat er die Meinung, daß es besser wäre, seine Medizin aus der Küche statt aus der Apotheke zu beziehen. Basierend auf den antiken Vorgaben, entwickelte er eine neue Einteilung der Nahrungsmittel nach ihrer gesundheitsfördernden Wirkung. Als kalt und feucht beschreibt er die Kirschen in seinem Lehrbuch. Die sauren oder säuerlichen Kirschen würden die Körpersäfte anregen und seien darum als Abschluß des Essens geeignet, weil sie den Magen schließen. Die süßen Kirschen befeuchten dagegen den Magen. Aber man sollte nicht zu viele essen, denn die Folgen könnten sehr unangenehm sein. Besser verdaulich seien sie, wenn man sie vor den Mahlzeiten genießt.

● Das aus Wildkirschen destillierte Kirschwasser hält er für eine der wichtigsten Arzneien.

Kirschlikör
nach Elßholtz 1682

Man fülle 1 Pfund der größten und schönsten Kirschen, gewaschen und ohne Stiele, 2 Liter Branntwein, ein Pfund Zucker, 10 g Zimtstange und 10 g Gewürznelken in eine Glasflasche und lasse sie bis zum Ende der Hundstage an der Sonne stehen. Gelegentlich sollte man mit einem Holzstab umrühren oder die Flasche kräftig schütteln. *„Man muß aber die Flasche allzeit gut verschlossen halten, daß die Kraft oben nicht herausgehe"*. Von diesem Branntwein sollte man jeden Morgen einen Löffel voll zu sich nehmen und auch allen Hausgenossen davon geben. Damit sich Geist und Kraft dieser „Arznei" voll entfalten können, sollte man nach der Einnahme eine halbe Stunde fasten.

Schüssel mit Kirschen, Giovanna Garzoni, 17. Jahrhundert

Mit Himbeeren gefüllte kandierte Kirschen
nach Elßholtz 1682

Die schwärzesten und rundesten, nicht zu reifen Früchte aussuchen. Die Kirschen müssen abgewogen werden, ehe man die Steine entfernt. Auf 1 Pfund Kirschen kommt 1 1/4 Pfund Zucker. Dann werden die Steine entfernt, das macht man am Besten, indem man mit zwei Fingerspitzen der einen Hand die Frucht drückt und mit der anderen Hand den Stiel und Stein herauszieht. Der abfließende Saft wird mit dem Zucker vermischt in einen Topf gegeben. Nun werden die Kirschen mit Himbeeren gefüllt. Dann legt man die gefüllten Kirschen sorgfältig nebeneinander in die Zucker-Saft-Masse und läßt das Ganze bei schwachem Feuer kochen bis ein dicklicher Sirup entsteht. Die Früchte dürfen aber nicht zu weich werden und sollen im Sud erkalten. Dann werden sie in Schalen angerichtet, die zur längeren Aufbewahrung mit Papier bedeckt werden.

Kirsch-Pastete
nach Elßholtz 1682

Spanschachtel mit glänzendem Kirsch-Gelée, Erdbeeren, Kirschen und Orange. Detail aus: Georg Flegel, um 1660

Saft aus guten, reifen Kirschen kochen und durch ein Tuch laufen lassen. Je ½ Liter Kirschsaft mit ⅓ Liter durchgesiebtem Johannisbeersaft vermischen. Diesen Saft abwiegen und auf ¼ Liter Saft ½ Pfund Zucker abwiegen, vermischen und so lange auf kleiner Flamme kochen, bis ein dicker Sirup entsteht. Einige Tropfen der Masse auf einen Teller träufeln, geliert die Masse, nimmt man den Topf vom Feuer, anderenfalls muß man noch weiter kochen. Zum Schluß wird das Gelée wie Marmelade in Schachteln gegossen. Solche Fruchtgelée waren kostbarer Nachtisch bei großen Festessen. [2]

Suppe von frischen sauren Kirschen

Davidis 1877

Man nimmt saure Kirschen, entfernt aus einigen die Steine welche man im Mörser zerstößt, und kocht sie mit den Kirschen nebst Zwieback und etwas Zitronenschale oder 2–3 Nelken und dem nötigen Wasser so lange, bis sich das Kirschfleisch zerkocht hat. Dann rührt man die Suppe durch ein Sieb, bringt sie zum Kochen und richtet sie mit Zucker, rotem Wein, der nicht durchkochen darf, etwas Salz und Zimt an. Man legt Zuckerplätzchen darauf oder gibt Zwieback dazu. [3]

Kirsch-Kaltschale

Davidis 1877

Aus einem Suppenteller voll saurer Kirschen werden die Kerne entfernt und in 1 Liter Wasser mit ½ Eßlöffel zerstoßener Kirschkerne und 2–3 Stück Nelken, ¼ Liter roter Wein, gehörig Zucker und Zimt dazu gegeben und gekocht. Es werden Zwiebäcke hinein gebrochen oder dazu gereicht. Auch kann man einen Sahneschaum darauf legen.

Kirsch-Kaltschale

1980

500g Sauerkirschen,
500g süße, schwarze Kirschen,
50g Zucker,
¾ Liter Kirschsaft, ¼ Liter Rotwein,
1 Zimtstange, 3 Nelken,
1 Vanilleschote, 1 Päckchen Vanillezucker,
30g Speisestärke,
1 Zitrone, 2 Eiweiß,
50g Puderzucker,
½ l Milch,
Melisseblättchen.

Die Kirschen waschen und entsteinen. Den Zucker karamelisieren, mit Kirschsaft (beim Entsteinen entstanden) und Rotwein ablöschen und mit dem Karamel aufkochen. Zimtstange, Nelken, Vanilleschote, Vanillezucker, abgeriebene Zitronenschale und Kirschen zugeben. Die Speisestärke mit etwas Wasser verrühren, in den kochenden Kirschsud geben und ca. 3 Minuten kochen, bis die Kirschen weich sind und die Speisestärke aufgelöst ist. In eine große Schale füllen und 1–2 Stunden kalt stellen. Eiweiß mit Puderzucker steif schlagen und 15–20 kleine Klösschen formen. Die Milch in einer großen Pfanne aufkochen und vom Feuer nehmen. Die Klößchen in die heiße Milch geben und 5 Minuten ziehen lassen, abtropfen lassen und auf die Kaltschale setzen. Mit Zitronenschale und Melisseblättchen verzieren.

Auflauf von sauren Kirschen

Davidis 1877

275 g zwei Tage altes Weißbrot ohne Kruste wird in Milch eingeweicht. Dann rührt man ein Eidick Butter und 9 Eidotter schaumig, gibt etwas gestoßene Mandeln, auch einige bittere, Zitronenschale, 2–3 Löffel Zucker, das Weißbrot, den steifen Schaum der Eiweiß, 1 Pfund saure, ausgesteinte Kirschen, die man mit Zucker vermischt hat, dazu und läßt dies eine Stunde backen. Für 9–10 Personen.

Kirschenpfannkuchen

Davidis 1877

4 Eier,
3 Eßlöffel feines Mehl,
1/4 Liter Milch ,
300 g Sauerkirschen

mit etwas Wasser vermischt und etwas Salz. Man gebe etwa die Hälfte davon in eine mit Butter heiß gemachte Pfanne, lege die entsteinten Kirschen darauf, nachdem der Teig ziemlich gebunden ist, eine neben die andere, verteile den übrigen Teig darüber und backe den Kuchen, nachdem die Flüssigkeit eingezogen ist, bis zum Umwenden zugedeckt, auf mäßigem Feuer solange, bis die Kirschen weich sind und der Kuchen eine schöne goldbraune Farbe angenommen hat.
Man bestreue ihn mit Zimt und Zucker.

Kirschtorte

Davidis 1877

1 Pfund feines Mehl,
330 g Butter,
½ Liter dicke, säuerliche Sahne (Creme fraîche),
2 gehäufte Eßlöffel Zucker,
½ Teelöffel Salz.

ein Teller voller saure, ausgesteinte Kirschen,
250–375 g Zucker,
Zimt,
einige Eßlöffel gestoßener Zwieback.

Die Butter in Stückchen mit dem Mehl vermischen, Sahne und Eier zufügen und alles verkneten. Einige Stunden im Kühlen ruhen lassen bevor der Teig ausgerollt werden kann.

Nachdem die Hälfte des Teiges zum Unterblatt ausgerollt und mit Zwieback bestreut ist, werden die Kirschen mit Zucker und Zimt vermischt, ohne den ausgelaufenen Saft auf den Kuchen gelegt, von der anderen Hälfte des Teiges ein Gitter darüber gemacht und bei 180° im Ofen gebacken. Der ausgelaufene Kirschsaft wird mit Zucker eingedickt, und bevor der Kuchen zur Tafel gebracht wird, teelöffelweise in die schrägen Vierecke gefüllt.

Kirsch-Quark-Auflauf

1970

750 g Sauerkirschen,
6 Eier,
100 g Butter,
100 g Zucker,
500 g Magerquark,
100 g Grieß,
abgeriebene Schale einer unbehandelten Zitrone,
1 bis 2 Löffel Zitronensaft,
1 Prise Salz,
Fett für die Form.

Kirschen entsteinen und Eier trennen. Die Butter schaumig rühren und nach und nach Eigelb und Zucker zufügen. Quark und Grieß unter die Butter-Zucker-Eigelb Mischung rühren, Zitronenschale und Saft zugeben. Eiweiß mit Salz sehr steif schlagen und mit den Kirschen unter die Quarkmasse heben. Eine Auflaufform einfetten, die Quarkmasse einfüllen und bei 225 Grad (Gas: Stufe 4) auf der mittleren Einschubleiste 40–50 Minuten backen. Falls der Auflauf zu braun wird, in den letzten Minuten mit Alufolie abdecken. Für 4 Portionen.

Kirschen-Charlotte

1960

Sorte aus Werder: 'Wills Frühe Herzkirsche'

3/8 Liter Milch mit 1 Vanillestange bis zum Sieden erhitzen, zugedeckt abkühlen lassen. 5 Blatt eingeweichte Gelatine in der heißen Flüssigkeit auflösen. 5 Eidotter mit 100 g Zucker im Wasserbad schaumig schlagen, vom Herd nehmen und unter ständigem Rühren nach und nach die durchgesiebte Milch zugeben, mit dem Schneebesen kalt schlagen. Den steifen Schnee von 5 Eiweiß unterheben. Löffelbiskuits mit Rotwein und Kirschwasser beträufeln, eine mit Mandelöl gefettete Schüssel dicht damit belegen. 1 Pfund entkernte, schwarze Kirschen einfüllen, mit Kirschwasser beträufeln und mit der vorbereiteten Vanillecreme bedecken. Mehrere Stunden kaltstellen. Nach dem Festwerden der Charlotte stürzen und mit Schlagsahne und entkernten Kirschen garniert servieren.

Ein Kirschgedicht, das für sich selber spricht!

Sauerkirsch-Creme

1965

750 g Sauerkirschen,
200 g Zucker,
4 Eßlöffel Kirschwasser,
6 Blatt weiße Gelatine,
4 Eigelb,
2 Eßlöffel Zitronensaft,
3/8 Liter Schlagsahne.

Die Kirschen waschen und entsteinen, mit 125 g Zucker bestreuen, das Kirschwasser untermischen, 2 Stunden ziehen lassen. Davon 250 g Kirschen ohne Saft abnehmen und pürieren, die Gelatine in kaltem Wasser einweichen, die Eigelb mit dem restlichen Zucker, dem Zitronensaft und dem Kirschsaft verrühren und im Wasserbad zu einer dicklichen Creme aufschlagen. Die Gelatine ausdrücken und in der heißen Creme auflösen. Kalt stellen. Wenn die Creme zu gelieren beginnt, die steif geschlagene Sahne unterziehen. In einer geeigneten Form ca. 6 Stunden kaltstellen. Die Creme vorsichtig vom Rand lösen, die Form kurz in heißes Wasser stellen und auf eine Platte stürzen. Mit den restlichen Kirschen und Sahne verzieren. Reicht für 4 Portionen.

Sauerkirschen in Rotwein-Gelée

1960

500 g Sauerkirschen,
4 Blatt rote Gelatine,
1/4 Liter Rotwein,
125 g Zucker,
100 g Kirschmarmelade.

'Spanische Frühweichsel' (aus: *Teutscher Obstgärtner*)

Kirschen waschen und entsteinen, Gelatine in kaltem Wasser einweichen, Rotwein mit Marmelade und Zucker aufkochen, die Kirschen unterrühren und kurz mitkochen, die ausgedrückte Gelatine in der Wein-Kirschen-Mischung auflösen, die Masse in eine kalt ausgespülte Form geben und mindestens 3 Stunden kalt stellen. Rand lösen, die Form kurz in heißes Wasser stellen und auf eine Platte stürzen. Mit Vanillesoße servieren. Reicht für 4 Portionen.

Schwarzwälder Kirschcreme

1980

600 g schwarze Kirschen,
50 g Zucker,
40 g Butter,
200 ml Rotwein,
9 Eßlöffel Kirschwasser,
2 Nelken,
1 Messerspitze Zimt,
30 g Speisestärke,
4 Blatt weiße Gelatine,
4 Eier,
70 g Puderzucker,
¼ Liter Schlagsahne,
Halbbitter Schockolade.

Kirschen waschen und entsteinen. Zucker leicht karamelisieren, Butter einrühren, mit Rotwein und 4 Eßlöffel Kirschwasser löschen, Nelke und Zimt zugeben, Speisestärke mit Wasser glattrühren, in den Saft geben, kurz kochen, Kirschen zugeben, 2 Minuten weiterkochen, kaltstellen bis das Kompott geliert. Eigelb und Puderzucker schaumig schlagen, restliches Kirschwasser zugeben, Gelatine einweichen, bei milder Hitze auflösen und zugeben. Kaltstellen.
Sahne und Eiweiß getrennt steif schlagen. Schokolade raspeln. Zuerst die Sahne, dann das Eiweiß unter die Crème heben. Kompott und Crème abwechselnd in eine Glasschüssel oder in Gläser füllen, mit Kirschen und Schokolade verzieren.

Kirschklöße
Davidis 1877

'Große Glas-Herzkirsche' (aus: *Teutscher Obstgärtner*)

1 Pfund ausgesteinte, saftige Kirschen werden ohne Wasser mit Zucker, Zitronenschale und 3–4 Nelken langsam weich gekocht. Etwas abgekühlt gibt man ein kleines Stück Butter, 4 Eier und so viel geriebenes Weißbrot hinzu, daß die Klöße beim Kochen aneinander halten, welches man erst mit einem Probeklößchen versuchen muß. Man läßt sie 5–10 Minuten kochen und gibt eine Schaumsauce dazu.
Weiße Schaumsoße: 2 große frische Eier, stark geschlagen, 1/4 Liter Wein, 1 Teelöffel Mehl, etwa 2 gehäufte Eßlöffel Zucker, einige Zitronenscheiben, ein Stück Zimtstange. Dies alles wird mit einem Schaumbesen auf raschem Feuer stark geschlagen, bis der Schaum steigt (kochen darf die Sauce nicht), rasch in ein bereit gestelltes Geschirr geschüttet und noch 1 Minute weiter geschlagen, um das Gerinnen zu verhüten. Ausreichend für 6–8 Personen.

Tiroler Kirschknödel

1960

Aus 250 g Mehl, 1/8 Liter lauwarmer Milch, 15 g Hefe, 20 g Butter, einem Ei, 25 g Zucker, einem Päckchen Vanillezucker, Salz, einen lockeren Hefeteig bereiten. So lange schlagen bis er Blasen wirft, dann warm gestellt gehen lassen. Auf bemehltem Brett ausrollen, mit einem Glas runde Flecken ausstechen. Die Hälfte der Flecken mit entkernten Kirschen belegen, mit einem zweiten Flecken zudecken und Knödel formen, die noch einmal warm gestellt werden müssen. In siedendem Salzwasser ziehen lassen, bis die Knödel an die Oberfläche kommen. Mit Vanille- oder Zitronen-Sauce oder mit zerlassener Butter und Zucker und Zimt servieren.

Kirschlikör

Davidis 1877

Zur Bereitung desselben nimmt man eine Flasche mit weiter Halsöffnung, füllt das Bestimmte hinein und korkt die Flasche zu. 1 1/8 Liter Branntwein (3/4 Liter Kirschbranntwein, 1/4 Liter abgekochtes Wasser und etwas Zucker), 250 g Zucker, 2 Pfund schwarze Kirschen, halb süße, halb saure, welche gestoßen werden, 1 Tasse voll schwarzer Johannisbeeren, 3 Stück Zimtstange. Dies alles in eine Flasche gefüllt und 24 Stunden hingestellt. Durch Fließpapier seihen, in Flaschen füllen und verkorken.

Weichsellikör

1910

3 Pfund saure Kirschen,
2 Pfund Zucker,
2/3 Liter Wasser,
2/3 Liter feiner Weingeist,
gute, reife Weichseln.

Kirsche 'Von der Natte' (aus: *Teutscher Obstgärtner*)

Gute, reife Weichseln werden abgewischt, die Stengel abgenommen und in eine große, weithalsige Flasche gegeben. Hierauf kocht man für je 3 Pfund Früchte 2 Pfund Zucker mit 2/3 Liter Wasser bis zum Spinnen, läßt den Zucker auskühlen, gibt dann 2/3 Liter feinen Weingeist dazu, gießt alles zu den Weichseln in die Flasche, verkorkt diese und stellt sie 20 Tage an einen sonnigen Fensterplatz. Nach einigen weiteren Wochen ist der Likör genußreif.

Saure Morellen einzumachen, sehr gut!

Davidis 1877

6 Pfund saure Morellen bester Sorte,
ca. 1/8 Liter Essig,
2 Pfund Zucker,
8 Stückchen Zimtstangen,
8 Gewürz-Nelken.

'Schattenmorelle' (aus: *Teutscher Obstgärtner*)

Die Kirschen werden gewaschen, die Stiele bis zur Hälfte abgeschnitten, mit dem Gewürz in Lagen in ein Glas gelegt. Unterdessen wird der Essig mit dem Zucker gekocht, lauwarm, nicht kochend, darüber gegossen. Nach Verlauf von 4 bis 8 Tagen kocht man den Essig etwas ein, gießt ihn kalt darüber. Man bedeckt die Früchte mit in Franzbranntwein oder Arrak angefeuchtetem Papier, bedeckt die Gläser mit Pergamentpapier und bindet sie zu.

Sauerkirsch-Chutney

Davidis 1877

500 g Sauerkirschen,
2 kernlose Orangen,
200 g rote Zwiebeln,
1 ½ Eßlöffel Rosmarin,
1 Chilischote, ein Stück frische Ingwerwurzel,
grüne Pfefferkörner,
150 ml Rotweinessig,
200 g Zucker

Gefüllte Amarelle (aus: *Teutscher Obstgärtner*)

Kirschen entsteinen, Orangen filetieren, Zwiebeln kleinschneiden, Rosmarin hacken, Chilischoten entkernen und fein würfeln, Ingwer schälen und fein würfeln, Pfefferkörner hacken. Rotweinessig und Zucker aufkochen, alle Zutaten zufügen und bei schwacher Hitze 40–50 Minuten einkochen. Öfter umrühren. In Gläser füllen und verschließen.

Ente mit Kirschen

1980

1 Wildente, Speckschwarte,
1 Glas Portwein,
1 Glas Kalbsbrühe,
1 Orange, 1 Zitrone,
etwas Zimt, 1 Gewürznelke,
1 Teelöffel Speisestärke,
100 g Butter,
1 Eßlöffel Johannisbeergélee,
200 g Sauerkirschen.

Die Wildente mit Speckscheiben oder den rohen, feinen Speckschwarten umbinden, das Innere salzen und pfeffern und in einer feuerfesten Schüssel im Backofen braten.
Aus dem Ofen nehmen und warmhalten. Den Bratensatz mit der Kalbsbrühe, dem Portwein, dem Orangensaft und dem Zitronensaft löschen. Etwas Zimt und die Gewürznelke dazugeben, um ein Drittel einkochen lassen. Durchseihen und das Fett abschöpfen. Das mit etwas Wasser aufgelöste Speisestärke einrühren und unter ständigem Rühren das Johannisbeergelée unter die Soße mischen. Zuletzt die entsteinten Sauerkirschen zugeben. Die Ente auf einer gewärmten Platte anrichten und mit der Soße übergießen.

Sauerkirschen-Marmelade mit Himbeeren

1000 g Sauerkirschen,
500 g Himbeeren,
1,5 kg Gelierzucker

Sauerkirschen waschen, entstielen und entsteinen, Himbeeren verlesen, nicht waschen. Alle Früchte mit dem Gelierzucker vermischen und abgedeckt etwas Saft ziehen lassen. Unter Rühren zum Kochen bringen und 4 Minuten sprudelnd kochen lassen. In Gläser füllen und verschließen.

Marmelade von schwarzen Kirschen

1000 g schwarze Kirschen,
abgeriebene Schale von 2 unbehandelten Zitronen,
500 g Gelierzucker

Kirschen waschen und entsteinen, Zitronenschale und Gelierzucker untermischen und 4 Minuten sprudelnd kochen lassen, in Gläser füllen und verschließen.

MH

In Gold eingefaßter Kirschkern mit 185 Miniatur-Gesichtern. Um 1595, Kunstkammer Dresden

Während der Regierungszeit des Kurfürsten Johann Georg entstand hinter dem Berliner Schloß ein Lustgarten mit vielen Obstbäumen, darunter auch zahlreiche Kirschbäume, die das begehrte frische Obst für die königliche Tafel liefern sollten. Ein Kuriosum der königlichen Kunstkammer dieses Kurfürsten war ein mit 265 verschiedenen Gesichtern beschnitzter Kirschkern, wie sich ein vergleichbares Exemplar von 1595 im Dresdner Grünen Gewölbe erhalten hat. Auf ihm sind allerdings nur 185 Gesichter von Vertretern geistlichen und weltlichen Standes zu unterscheiden.

● Über die Kultur der Kirschen in den kurfürstlich brandenburgischen Gärten liegen nur sehr vereinzelte Informationen vor. Beim Regierungsantritt des Großen Kurfürsten, 1640, war der Dreißigjährige Krieg noch nicht zu Ende, und plündernde Heerscharen zogen immer wieder durch die Mark. Die Pest wütete und dezimierte die durch den Krieg ohnehin zusammengeschmolzene Bevölkerung. Dennoch gelang es dem Kurfürsten, seine verwüsteten Länder wieder aufzubauen und ab 1660 den Grundstein für die Entwicklung der Potsdamer Kulturlandschaft zu legen. Den Berliner Lustgarten hatte er schon 1645 neugestalten lassen.

● Das Potsdamer Gebiet sollte zu einem großen Frucht- und Ziergarten werden und als Vorbild für den Obst- und Gemüsebau im ganzen Lande dienen. Die Hofhaltung in der Potsdamer Residenz wurde durch neue Schloßanlagen in der Umgebung ergänzt. So entstanden ab 1664 die Gartenanlagen und das Lusthaus in Bornim. Hier wuchsen unter den 1500 Obstbäumen 203 Kirschbäume, darunter 11 wilde, wie der Chronist August Kopisch anhand des Inventars von 1713 ausrechnete.

● Die Früchte der wilden Kirschbäume waren zur Herstellung von Kirschwasser und Kirsch-Branntwein beliebt, die als äußerst wichtige Arzneien von den Leibärzten des Kurfürsten empfohlen wurden.

● Sie rieten vor allem alten Menschen, sich mit diesem Branntwein den Magen zu erwärmen und die Verdauung anzuregen. Bei Kälte und Nebel empfahlen sie das Destillat gegen Herzbeschwerden und Koliken und gebärenden Frauen sollte es Kraft und Mut geben. In den Zeiten der Pest galt das Kirschwasser als ideales Mittel um sich vor Ansteckung zu schützen.

● Unter den Wissenschaftlern, die der Große Kurfürst ins Land holte, spielten die Leibärzte eine wichtige Rolle. Unter ihnen Johann Sigismund Elßholtz, der 1656 zum Hofbotanicus, *Praefectus hortorum* und Hofmedikus berufen wurde. Er hatte nach Studien in Königsberg und Wittenberg 1653 in Padua, Italien promoviert. 1663 veröffentlichte er einen alphabetischen Katalog der Pflanzen in den Gartenanlagen von Berlin, Potsdam und Oranienburg, seine *Flora Marchica*. Die Summe seiner botanischen Beobachtungen faßte er in seinem 1666 erschienen Buch über den Gartenbau zusammen. MH

Wand-
dekoration von
J. C. Hoppen-
haupt, 1753,
(für das
Voltairezimmer
in Schloß
Sanssouci.)

Der Affe mit seinem ausgezeichneten Geschmack und seiner Fähigkeit zu unterscheiden, verwirft was unangenehm ist und behält, was ihm gefällt, wie hier die reifen Kirschen an den Zweigen.

Friedrich II. legte großen Wert auf Obst und Gemüse für seinen persönlichen Bedarf. Schon als Kronprinz ließ er in Rheinsberg eine erste umfangreiche Nutzgartenanlage mit Obstplantagen, Talutmauern (von dem französischen *talut,* schräg, abgeschrägt), Treibhäusern und einem großen Glashaus anlegen.[4]

● Zwischen Rheinsberg und Berlin, im Amaltheagarten von Neuruppin, standen ebenfalls Kirschbäume, deren Gedeihen dem 25jährigen Kronprinzen sehr am Herzen lag. Am 22. Juni 1737 schrieb er einem Vertrauten: *„Ich reise am 25. nach Amalthea* [Name der Ziege, die Zeus nährte], *meinem lieben Garten in Ruppin, und brenne vor Ungeduld, meinen Weinberg, meine Kirschen und Melonen wiederzusehen (...)".*[5]

● Grundsätzlich erzeugten die fürstlichen, wie auch die bäuerlichen Höfe, alles Obst selbst, da die Verkehrsverhältnisse keine langen Transporte zuließen. Dadurch war die Saison der einzelnen Obstarten beschränkt und ließ sich nur durch Auslese früh- und spättragender Sorten ausdehnen. Zum Selbstverständnis eines barocken Fürsten gehörte es aber, die natürlichen Gegebenheiten zu überwinden und möglichst ganzjährig über ein breites Sortiment für die Tafel zu verfügen. Deshalb wurde die sogenannte Treiberei sehr gefördert. Diese Technik ermöglichte es, im Februar schon Kirschen oder im Oktober noch Spargel und Bohnen zu ernten.

● Kirschen waren die Lieblingsfrüchte Friedrichs II. Als König ließ er ab 1740 überall in seinen Gärten Kirschbäume anpflanzen und begann seinen Tagesablauf gerne mit dem Genuß der frischen Früchte. *„Nach eingenommenem Kaffee wanderte Friedrich dann ein bis zwei Stunden lang, teils Flöte blasend teils Obst essend, das er sehr liebte und das auf den Kaminkonsolen und Spiegeltischen stand, durch sein Zimmer"*.

Sprichwort:

Träume von roten Kirschen bedeuten Glück.

● Dieses Obst ließ er sich in den kostbaren, weltberühmten Treibhäusern und an den terrassenförmigen Spalieren von Sanssouci heranziehen. Für die ersten Kirschen im Dezember und bis Mitte Januar zahlte er das Stück zwei Taler. *„Du wirst schmähen"*, schreibt er einmal an seinen Schatzmeister Fredersdorf, *„daß gestern vohr 180 Taler Kirschen gegessen worden, ich werde mich eine liederliche reputation machen."* [6]

● Es war der Ehrgeiz seiner Gärtner, ihn möglichst rund um das Jahr mit Kirschen zu versorgen und die ersten Exemplare der Saison zu liefern. Viele Aufzeichnungen der Hofgärtner geben Einblick in diese Kunst der Frühtreiberei und die Bedeutung, die ihr am Hofe beigemessen wurde.

● *„Was insbesondere aber die Herstellung der ausgedehnten Obst-Anlagen und Treibereien betrifft, so ist die Regierungs-Periode Friedrich des Großen hierin als grundlegend und Epoche machend zu bezeichnen. (...) Die Anregung zum Fortschritt im Gartenbau war dem Könige ein Herzensbedürfnis. Wiederholt wurden fleißige, geschickte Privatgärtner durch Prämien ermuntert, indem der König getriebene reife Kirschen im März mit zwei Thalern* [pro Stück] *honorierte und einige Mal für vier Schock* [240] *Kirschen zu Anfang April 700 Thaler bezahlte (...)"* [7]

● Die einfachste Möglichkeit, etwas zeitiger Früchte zu ernten, bestand darin, die Bäume vor südlichen, sonnenexponierten Mauern zu pflanzen, die möglichst windgeschützt waren. Der Verfrühungseffekt konnte noch gesteigert werden durch

Talutmauern. Diese meist der Sonne zugewandten Mauern verfügten über keine eigene Heizung, aber schräg davor gestellte Glaswände verstärkten die Wirkung der Sonnenstrahlen und verminderten das Auskühlen in der Nacht, so daß die Früchte sehr viel früher reifen konnten. Anlagen dieser Art aus der Zeit Friedrichs II. sind noch in Resten auf dem Winzerberg und in den oberen drei Terrassen am Klausberg-Belvedere in Potsdam erhalten. Über durch Öfen heizbare, sogenannte warme Treibmauern ähnlicher Bauart entwickelten sich dann feste, einer Orangerie ähnliche Glashäuser, die speziell der Treiberei von Tafelobst dienten.

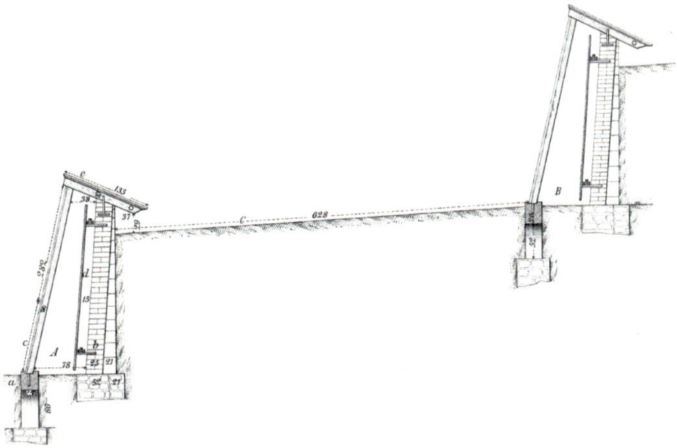

Talutmauern (aus: Carl Bouché, *Gewächshäuser*, 1886)

Der König wollte aber den Obstanbau nicht nur in den eigenen Gartenanlagen befördern, sondern auch im märkischen Umland. Während er beim Steinobst vor allem eine Verbesserung der Anbaumethoden erreichen wollte, mußte er den Anbau von Kernobst in der sandigen Mark erst durchsetzen, denn 1755 hatte ihm der Prediger Fürgold aus Parchim berichtet, daß die Bauern in der Mark nur Pflaumen und Kirschbäume, keine Apfel-, Birnen- und Nußbäume in ihren Gärten hätten. *„Ich bin gewiss,"* so heißt es in der Kabinettsorder vom 23. April 1786, *„wenn Ich einmal damit anfange, so werden die Particuliers, wenn sie Nutzen davon sehen, bald nachfolgen und auf diese Art wird das Gute im Lande gestiftet."* [8]

Die Berliner Schloß- und Hofapotheke bot 1758, zur Zeit Friedrich II., folgende Kirsch-Produkte an: [9]

Kirsch-Lavendel-Wasser
Schwarzkirschwasser
Sauerkirsch-Sirup
Eingemachte saure Kirschen
Sirup aus Sauerkirschen mit Tagetes-Blüten

Der Potsdamer Küchengarten

Westlich vor der Potsdamer Stadtmauer lag schon seit 1715 der Küchengarten Friedrich Wilhelms I. Er war unter Friedrich II. hauptsächlich mit Kirschen bepflanzt. Ingesamt standen hier 328 Bäume.[10] Im selben Garten befand sich schon zu dieser Zeit ein etwa 80 Meter langes Treibhaus, das außer der Aprikosen-, Pfirsich- und Weinkultur auch der Anzucht von Kirschen diente. Es gab 1784 außerdem einen „Kirschkasten" mit 24 Fenstern und 12 langen Läden sowie einen kleineren „Kirschkasten". Dies waren nach Salzmann Treibhäuser, die von einer Packung Pferdemist und Lohe im Boden erwärmt wurden. GS

Sprichwort:

Trägt ein Kirschbaum gleichzeitig Blüte und Frucht, dann wird es einen Todesfall in der Familie geben.

Die hochmoderne Technologie der Kirschhäuser

Friedrich richtete neben dem zentralen Weinberg in Sanssouci, dem später sogenannten Terrassenrevier, fünf Treibereien ein, in denen Melonen, Orangen, Bananen und Ananas gezogen wurden.

● Das erste Treibhaus wurde 1745 westlich von Schloß Sanssouci errichtet, allerdings *„blos von Bretterwerk zusammen geschlagen, und diente nur zur Probe für den dazu angestellten Gärtner."* 1747 folgte auf der Ostseite *„das erste allhier gesehene ordentliche Gewächs- Glas- oder Treibehaus, von 320 Fuß* [100 m] *Länge, aber nur 24 Fuß Tiefe."* Es hatte vorne eine schräge Glaswand mit drei Reihen von je 80 Fenstern sowie Fensterläden, und darüber einen Sonnenfang, der grün gestrichen war.[11]

Hinten war *„eine steinerne Rückmauer mit verschiedenen Kaminen zum Heitzen der Oefen, und der unter dem Fußboden angelegten Heitzkanäle."* Dieses Haus kostete mehr als 8000 Taler (in DM eine sechsstellige Summe). Das Haus diente zum Treiben von Kirschen, Pflaumen, Pfirsichen und Wein.[12]

● Das Gelände davor war terrassiert, und die fünf Stützmauern waren zum Treiben gänzlich verglast, insgesamt 282 Fuß mit 504 Fensterflügeln, so daß dieser völlig schmucklose Berg ein erstaunlich modernes, rein funktionales Bild bot. *„Alles kam (...) so prompt in den Stand, daß der König schon am darauffolgenden Geburtstage der Königin Mutter, am 27. März 1748, bei der Tafel mit einem Dessert von trefflichen Kirschen, Pflaumen, Pfirsichen, Weintrauben und dergleichen mehr angenehm überraschen konnte."*[13]

● *„Der König hatte solche Freude daran,"* schreibt Kopisch, *„dass er sogleich eine zweite Treiberei im Westen des Orangenhauses* [den heutigen Neuen Kammern], *anlegen ließ, 309 Fuß lang, 20 Fuß tief, sonst ebenso wie die erste."*[14]

Als dann 1754 der Bau der Bildergalerie begann, ließ Friedrich II. das große Treibhaus samt den davor liegenden fünf Treibmauern an den südlichen Rand des Gartens verlagern, wo sich dann ein 2 Hektar großes Nutzgartenrevier mit verschiedensten Häusern, Kastenanlagen und Freilandflächen entwickelte, die sogenannte *Melonerie.* Kirschen wurden hier aber kaum noch angebaut.

● 1765 war auch die zweite Treiberei auf der Westseite bei den Neuen Kammern *„veraltet, weshalb der König an ihrer Stelle zwei andere bauen ließ. Sie diente zur frühen Kultur von Kirschen und Weintrauben."*[15] Diese Verteilung auf zwei verschiedene

Treibhaus und Talutmauern anstelle der späteren Bildgalerie
(Ausschnitt aus einer Ansicht von G. B. Probst)

Kirschquartier vor der Orangerie anstelle der späteren Neuen Kammern
(Ausschnitt aus einer Ansicht von G. B. Probst)

Legende:
Gewächshäuser oder Mauern, die vollstädig ode
Reine Kirschquartiere
Teilweise mit Kirschen bepflanzte Obstquartiere

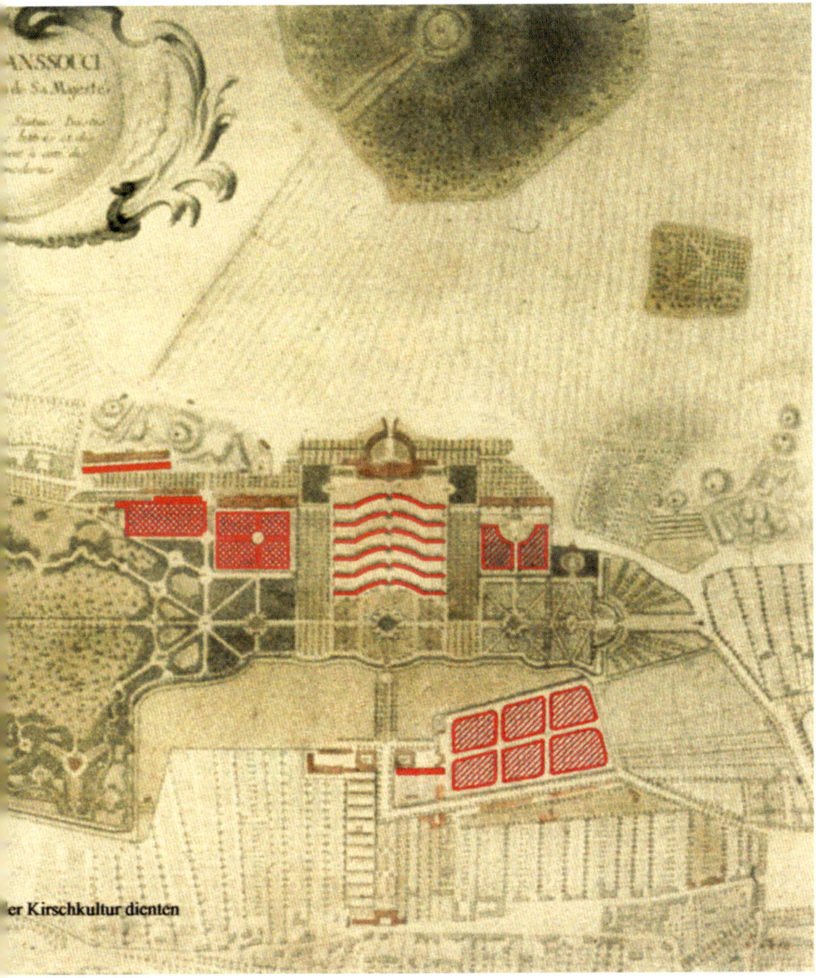

Plan von Sanssouci 1772, Salzmann, eingezeichnet die Gebiete für Kirschanbau

Häuser bedeutete eine weitere Verfeinerung der Treiberei. Das größere, ungeheizte Haus war für die späte Treiberei (Ernte im April/Mai) bestimmt, das kleinere war beheizt und diente der frühen Treiberei (Ernte im Februar/März).

● Das große, kalte Treibhaus für Kirschen, Wein, Pfirsiche und hatte zwei Reihen von je 136 Fenstern. Der Wein wuchs an der Mauer, die Bäume standen frei davor. 1765 konnte man hier 233 neue Kirschbäume zählen. Davor entstand 1792 eine Kirschbaumschule. Das warme Kirsch- und Weintreibhaus hatte Kanalheizungen und enthielt 131 Kirschbäume.

● Gartendirektor Schulze verdanken wir einige exakte Datumsangaben. Er vermerkte am 6. Dezember 1791, daß einige Kirsch- und Pflaumenbäume schon seit 14 Tagen blühen.[16] Die ersten Kirschen des Jahres 1791 lieferte Hofgärtner Hillner am 6. Februar,[17] die ersten des Jahres 1794 am 13. Februar.

Außerdem entstanden entlang der Maulbeerallee weitere Treibanlagen, die eine Gesamtlänge von 750 m erreichten. Fünf dieser Häuser, zusammen mehr als 300 m lang, enthielten in friderizianischer Zeit Kirschbäume.

Sanssouci
Ein Park voller Kirschen

In den Jahren 1744 und 1745 entstanden die bekannten sechs Sanssouci-Terrassen. Das hier gezogene Obst verband das Nützliche mit dem Schönen und diente gleichermaßen als Augen- und Gaumenfreude. Hinter den Glasfenstern wuchsen in den Nischen 72 Feigenbäume und 160 Weinstöcke. An den Wänden zwischen den Nischen wurden Kirsch-, Pfirsich- und Aprikosenbäume an Spalieren gezogen.[18] Im Frühjahr 1746 kamen je 84 hoch- und niederstämmige Kirschen von der Gärtnerei Klefeker aus Hamburg und 150 niedrige Morellen aus dem niederländischen Haarlem.[19] Ein Pflanzeninventar von 1746 erwähnt insgesamt 40 Kirschbäume auf den Terrassen.[20] 1747 wurden für den Weinberg 700 Blechttafeln angefertigt, auf denen die Namen der Wein-, Kirsch- und Feigensorten vermerkt wurden.[21]

● Auch innerhalb der hohen Buchenhecken von Sanssouci wuchsen Obstbäume und zu ihren Füßen Küchenkräuter und Gemüse. 1746 waren die vier Heckenquartiere vor den heutigen Neuen Kammern ausschließlich mit Kirschen bepflanzt. Ein fünftes Kirschquartier folgte 1748 im westlichen Anschluss, und vor der neuen Bildergalerie entstanden nach der Beseitigung der Treibmauern 1755 zwei weitere Obstquartiere.

● Der unter Friedrich modernisierte Marlygarten blieb das Gemüserevier. Der größte Teil war bis 1788 mit Kirschbäumen bepflanzt, unter denen auch Gemüse und Kräuter gezogen wurden.

Nach dem Siebenjährigen Krieg wurde der Rehgarten zum Park Sanssouci umgestaltet und mit vielen neuen Kirschbäumen bepflanzt. Ungewöhnlicherweise begleiten sie gemeinsam mit Rosen, Flieder und falschem Jasmin als Heckenpflanzen die Wege. Diese Wertschätzung von Obstgehölzen auch für ästhetische Zwecke war im Rokoko allgemein und führte zu ihrer Einbeziehung auch in Ziergärten. Seit 1768 ist der Ankauf von Kirschen für die sogenannte *englische Allee*, die *Buscage*, belegt. Für diese Bäume wurde auch der Begriff *Gängekirschen* verwendet. [22]

Am Neuen Palais entstanden noch acht Obstquartiere hinter Buchenhecken. Mindestens zwei von ihnen waren ausschließlich mit Kirschen bepflanzt: 1771 sind Arbeiten an den Kirschquartieren am Palais,[23] 1775 an denen am Freundschaftstempel belegt.[24] Auch die Plätze an den niedrigen Seitenflügeln wurden mit Kirschbäumen eingefaßt. GS,CW

Mit Beginn der Bautätigkeit in Sanssouci dürften ab 1745 auch Gärtner hier tätig geworden sein. Zunächst hatte der Küchengärtner Johann H. Müller die Leitung. Seit 1747 werden der Hesse Philipp Friedrich Krutisch (1713–1773) und sein jüngerer Bruder Johann Heinrich in den Akten erwähnt. Der ältere übernahm den Lustgarten, der jüngere die 1747 aufgebauten Treibereien östlich des Schlosses. Lust- und Nutzgärten bildeten aber noch ein und dasselbe Revier, Weinberg genannt. Friedrich Krutisch war als Obergärtner auch den Gärtnern der anderen Potsdamer Reviere vorgesetzt. Zunehmend stellte der König spezialisierte Gärtner ein. 1748 kam Johann Hillner (1707–1790) aus Schlesien hinzu. Obwohl in erster Linie für die Pomeranzen zuständig, übertrug ihm der König 1754 auch die nebenan neu erbauten Kirschhäuser. Konkurrenz, mochte er gedacht haben, erhöht die Leistungsbereitschaft Die Oberleitung behielt Krutisch. Auch im Küchengarten wurden Kirschen angebaut. Müller aber, seit Anstellung der Krutischs wieder auf den kleinen Küchengarten beschränkt, tauschte im Oktober 1748 seine Stelle mit Johann Samuel Sello (1724–1787) in Rheinsberg. Als sein Bruder 1766 starb, mußte Friedrich Krutisch dessen Arbeit miterledigen. Daraufhin wurde Friedrich Zacharias Salzmann (1731–1801) zu seiner Unterstützung berufen. Dieser geriet alsbald mit Krutisch in Streit, so daß der König im Sommer 1767 das Revier neu aufteilte. Krutisch behielt dabei die Treibhäuser im Meloneriegelände und die Kirschquartiere vor der Bildergalerie, also die Anlagen, die er selbst aufgebaut

Sprichwort

Werden Kinder während der Kirschblüte abgestillt, bekommen sie sehr früh schon weiße Haare.

hatte. Salzmann erhielt u.a. den Lustgarten mit den Terrassen und die fünf Kirschquartiere an den Neuen Kammern, mithin die älteren Teile, mit denen Krutisch nicht ganz so verwachsen war.[25] Krutisch ließ für sein reduziertes Revier den alten Namen *Weinberg* bestehen, während sich der neue mit dem Namen *Lustgartenrevier* schmücken durfte. Erst später wurde eindeutiger von Melonerie und Terrassenrevier gesprochen. Erwähnt werden sollte auch Krutischs Geselle Stutterheim, der ihm jahrzehntelang treu blieb, und sieben Tage in der Woche arbeitete.

● Obwohl die Fruchttreiberei vor allem Krutischs Arbeit war, war es Salzmann und nicht Krutisch, der ein Lehrbuch der Fruchttreiberei (1783) publizierte.[26] Krutischs Nachfolger wurde sein Neffe Johann Jakob (1749– 1817), auf den dessen Sohn Friedrich Jakob (1778–1833) folgte.

● Auf Hillner folgte sein Sohn Anton (1749–1817), nach dessen Tod das Revier wieder zum Lustgarten kam.

● Außerdem befaßte sich seit 1765 am Neuen Palais der Hofgärtner Christian Heinrich Eckstein (1719–1796) mit dem Kirschenanbau. Im letztgenannten Revier wurde später Carl Julius Fintelmann (1794–1866) eine wichtige Persönlichkeit in Sachen Treiberei. Unter Friedrich Wilhelm IV. waren es Eduard Nietner und Hermann Sello, die sich bei den Frühjahrsausstellungen mit früh getriebenen Kirschen auszeichneten.

Barocke Kirschsorten (aus: Knoop, *Pomologia*, 1760)

Gärtner beim Veredeln (aus: Knoop, Hovenierkonst, 1762)

Der Handel mit Kirschbäumen

Um den immensen Bedarf an Kirschbäumen zu decken, waren verschiedene Bezugsquellen nötig. Kirschbäume wurden in fünf Formen gehandelt; als Hochstämme, Mittelstämme und Halbstämme sowie als Pyramiden und Spalierbäume *(en eventail)*. Hochstämme kosteten 14, Halbstämme 12, Niederstämme 8 Groschen. Am teuersten waren die fertigen Formbäume. Außerdem gab es noch schockweise (1 Schock = 60 Stück) Kirschbäume für Hecken, zu 1 Taler. In den eigenen Revieren zogen auch die Hofgärtner Krutisch, Ludwig Sello, Salzmann und Hillner Kirschbäume heran.

● In der Umgebung Sanssoucis entstanden kleine Handelsgärtnereien, die ebenfalls Kischbäume anboten, so Carl Becker und Joachim Ludwig Heydert, weitere in der Nähe von Berlin. In Ausnahmefällen wurden auch von weither Kirschbäume bestellt, so 1766 von Klefeker in Hamburg 22 Niederstämme, 1773 von Moerbeeck in Haarlem 24 Bäume, 1782 Kirschpyramiden aus Holland.

● Erst Gartendirektor Schulze gründete nach 1790 gezielt königliche Baumschulen, um von den Ankäufen unabhänig zu werden. *„Die von ihm angelegten Baumschulen zu Sanssouci, im Neuen Garten, auf der Pfaueninsel, zu Caputh, Charlottenburg, Malchow, Schönhausen und Oranienburg erfreuten sich eines guten Rufes; sie lieferten das Material zu den Pflanzungen in den Königlichen Gärten, verabreichten an Geistliche und Schullehrer den Bedarf unentgeltlich und deckten einen Theil der Produktionskosten von Obstbäumen und schönblühenden Gehölzen durch den Verkauf an Privatleute (...)*“ [27]

Heute ist der Arbeitsumfang kaum noch vorstellbar, der notwendig war, um Kirschbäume das ganze Jahr über so zu kultivieren, daß sie gesund blieben und ihre Früchte zwei Monate vorfristig zur Verfügung des Königs standen.

● Die Abrechnungen des Hofgärtners Johann Hillner geben einen detaillierten Einblick in die Arbeiten, die bei der Kirschtreiberei erforderlich waren. 1778 gab es im Kirschtreibhaus 130 Bäume, im folgenden Jahr 160 Bäume, die in viereckigen Kästen standen. Es gab Pflanzkästen im sechs verschiedenen Größen, die in der Anfertigung 8 Groschen 6 Pfennige bis 2 Groschen kosteten. Im November wurden die Bäume ins Haus getragen. Dazu waren zwei Tage lang ein Geselle und 4 Mann erforderlich. Anschließend pflanzten sie sechs Tage lang die Bäume um und reparierten die Kästen. Vier Frauen waren zwei Tage lang damit beschäftigt, die Fenster zu waschen. Im Dezember begann man zu heizen und bei großer Kälte die Fenster abzudecken. Hierzu waren ein Geselle und ein Bursche Tag und Nacht erforderlich. Es gab verschiedene Heiztechniken. Zum einen verwendete man Kerzen. Der Seifensieder Friedrich Marzahn berechnete pfundweise: *„gegossene und gezogene Lichte, welche zur Kirsch Treiberey, wie auch zur täglichen und Nächtlichen Heitzung derselben und denen Orangerie-Häusern in Sans-Souci (...) geliefert worden"*. Diese Heizmethode wurde offenbar bei nur geringer Kälte angewandt. Die Kerzen sorgten außerdem für das nötige Licht bei der Nachtwache.[28] Außerdem gab es eine Kanalheizung, die wohl nur bei tieferen Temperaturen in Gang gesetzt wurde. Ein Tagelöhner wird erwähnt, *„der das Holz zu bereiten muß und klein hacken muß.“* [29]

- Der Tagelöhner mußte auch das Gießwasser in das Treibhaus tragen. Das leichtere Gießen übernahmen sechs Frauen im Wechsel, jede einen Tag im Monat. Diese Arbeiten währten fünf Monate lang bis Ende März.
- Nach der Ernte der Kirschen wurden im April oder Mai die Bäume ins Freie geräumt. Dies erforderte wieder einen Gesellen und vier Mann zwei Tage lang. Das Treiben strapazierte die Bäume sehr, so daß sie ein Ruhejahr brauchten und durch frische Bäume ersetzt werden mußten.[30] Während der Sommerzeit war viermal Gießen einkalkuliert, jeweils acht Frauen für zwei Tage.

An der Kirschmauer sahen die Arbeiten so aus:
Im November wurden die Fenster vorgesetzt bzw. aufgelegt. Dies bewerkstelligten ein Geselle mit zwei Tagelöhnern an einem Tag. Im Dezember wurden *„die Kirschbäume geschnitten und gebunden, in- und auswendig gedüngt und umgegraben.“* Hieran arbeiteten ein Geselle und zwei Tagelöhner sechs Tage. Im Januar mußten die Fenster beider Anlagen gestopft werden, hierzu ein Geselle zwei Tage und ein Tagelöhner einen Tag. Im Februar wurde *„nichts vorgenommen.“* Im April wurden die Bäume wieder gewässert. Hierbei arbeiteten acht Frauen zwei Tage lang. *„Zum Räuchern die Kierschbäume von Mehltau“* berechnete Hillner *„4 pfund Tabak“* und einen Geselle für zwei Tage. Im Mai reinigten zwei Gesellen die Bäume acht Tage lang, acht Frauen gossen je zwei Tage lang. Von Juni bis Oktober wässerten zehn Frauen je zwei Tage lang, unter

Die zum Treiben verwendete Sauerkirsche 'Prager Muskateller' (aus: *Teutscher Obstgärtner*)

Anleitung von einem Gesellen. An einem Tag im August wurden die senkrechten Fenster ausgehoben und die oberen abgenommen durch einen Gesellen und zwei Tagelöhner.[31]

● Die aufwendige Treiberei war nur durch die geringen Lohnkosten möglich. Sie betrugen in seinem Revier für die gesamte Kirschtreiberei weniger als 100 Taler im Jahr inklusive Nebenkosten. In den letzten Jahren Hillners leitete sein Neffe Anton als Geselle die Kirschtreiberei. Er verdiente nur 96 Taler im Jahr.[32] Zum Vergleich: Der Onkel bekam 500 Taler Gehalt, sein Revier verschlang darüberhinaus bis zu 2000 Taler Unterhaltungskosten.

● Alle vorhandenen Häuser, für deren Substanz die mit viel Feuchtigkeit verbundene gärtnerische Nutzung nicht zuträglich war, wurden ständig repariert und modernisiert.

● Salzmann beschreibt die Treibverfahren nach holländischem Vorbild. Die Stämme der in Kübeln stehenden Bäume wurden von oben bis unten mit feucht gehaltenem Moos umwickelt. Ende Dezember oder Anfang Januar begann man sacht zu Heizen. Im März oder April konnte man ernten. *„Will man es aber mit Hitze zwingen, und sie gern früher reif haben, so läuft man Gefahr, nicht viel Früchte zu bekommen.“*

● Das technische Wissen wurde von jeder Gärtnergeneration an die nächste weitergegeben, so daß Bewährtes aus dem 18. Jahrhundert auch im 19. Jahrhundert bei verbesserter Technik beibehalten wurde. Wilhelm Legeler und Eduard Nietner schreiben: *„Die Kirschkübel kommen im Verbande in 3 Reihen, je nach ihrer Größe, auf Bohlen zu stehen, worauf sie hohl gestellt werden, um die Wärme dem Ballen besser mitzutheilen (…) In der zweiten Hälfte des Novembers, sobald die Temperatur mehrere*

Male bis auf 2 bis 3 Grad unter den Gefrierpunkt heruntergegangen ist, bringt man von den Bäumen die gehörige Anzahl ins Haus, die übrigen bleiben bis zum Gebrauch ohne weitere als die Laubbedeckung bis zu 10 Grad Kälte draußen stehen, dann müssen sie entweder in dem für sie zum späteren Treiben bestimmten Quartier, oder sonst wo angemessen untergebracht werden. (...) Nachdem die Zweige und die Stämme gereinigt worden, vertheilt man sie durch Binden so viel als möglich gleichmäßig, gießt die Ballen mit warmem Wasser tüchtig durch, und belegt die Oberfläche derselben bis zur Blüthenentwicklung mit trockenen Sägespänen oder Moos, welche Materialien, wenn sie durch das nachherige Spritzen zu naß geworden sind, mit trockenen vertauscht, nach dem Abblühen aber ganz entfernt und nicht wieder erneuert werden.

Je nachdem die Bäume mehr oder weniger Frost bekommen hatten,
steigt in der ersten Woche schneller oder langsamer
die Temperatur von 6 bis 9 Grad,
in der zweiten und dritten Woche 9 bis 11 Gr.,
in der vierten Woche 11 bis 13 Gr.,
in der fünften Woche und dann bis zur Blüthe 13 bis 15 Gr.,
während der Blüthe bei Tage 9 bis 11 Gr.,
in der Nacht 7 bis 9 Gr.,
nach der Blüthe bis zur Steinbildung 11 bis 14 Gr.,
während derselben 10 bis 12 Gr.,
nach derselben bis zur Reife 12 bis 16 Gr.

Luft wird bis zur Blüthe weniger, als während derselben, doch bei trockener Wärme reichlich gegeben. Nach der Blüthe bis zur Steinbildung und während derselben giebt man dann weniger Luft, doch bei der Reife sehr viel (...)"

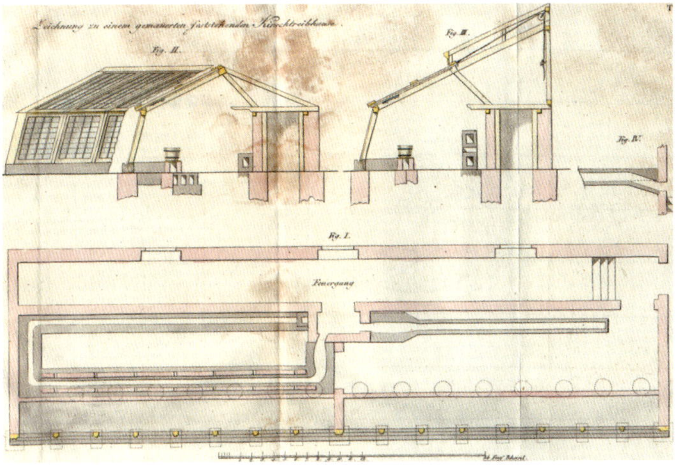

Gemauertes Kirschtreibhaus von Gartendirektor Schulze

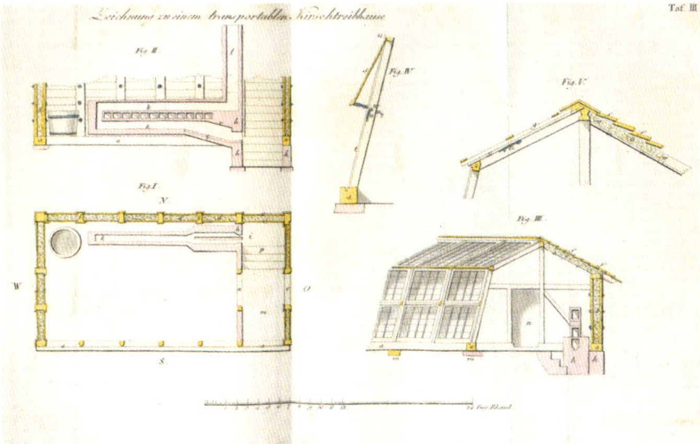

Transportables Kirschtreibhaus von Schulze (aus: Verhandlungen 1824)

Legeler und Nietner liefern auch Details zum Schattieren, Spritzen und Gießen sowie zur Schädlingsbekämpfung. *„Das erste Quartier liefert nach 2 bis 3 Monaten gegen Ende Februar seine Früchte, und indem man mit dem Antreiben neuer Quartiere von 14 zu 14 Tagen fortfährt, wird man, besonders späterhin, sehr reichliche Ernte halten."*

● Abgetriebene Bäume werden 3–4 Jahre geschont oder ins Freie verpflanzt, bevor sie wieder getrieben werden konnten. Zur Kultur an kalten Treib- oder Talutmauern schreiben Legeler und Nietner: Sie *„können an jeder Südwand eines Oekonomie- oder Wohngebäudes, besonders an der Hinterwand von Viehställen, mehr oder weniger kostspielig hergestellt werden (…)"* [33]

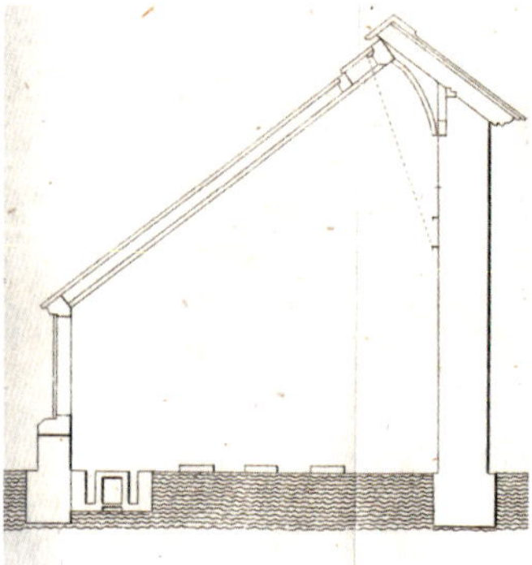

links: *Kirschtreibhaus* (aus: Legeler, Nietner 1839)

rechts: *Kirsch- und Feigenhaus* (aus: Verhandlungen 1827)

Kirschkultur unter Friedrich Wilhelm II. und III.

Friedrich Wilhelm II. setzte die Treiberei von Kirschen für die königliche Tafel fort. *„Die harten Sorten Kirschen liebt dieser König mehr als die weichen, z. B. Maikirsche.“*[34] Im Lande förderte er den Obstbau stark. Anders als seine Vorgänger, die auf Zwangsmaßnahmen setzten, ging er selbst mit gutem Beispiel voran und ließ erstmals systematisch Obstbaumschulen auf seinen Besitzungen anlegen. Seine Gartendirektoren Heinrich Ludwig Manger und dessen Nachfolger Johann Gottlob Schulze widmeten sich dieser Aufgabe in besonderem Maße, *„so daß die Gärten von Sanssouci in Bezug auf ihre Obstbäume und Treibereien berühmter wurden als jemals vorher.“*[35] Die Hofgärtner bekamen jetzt Prämien, wenn sie Obstbäume verkauften oder veredelten.

Auch Friedrich Wilhelm III. liebte das frische Obst aus den Gärten Sanssoucis. *„Von allen physischen Genüssen waren und blieben Ihm vorzüglich wert und unentbehrlich schöne reife Früchte und alle edlen Obstsorten. Die von Friedrich dem Großen in den Umgebungen von Sanssouci angelegten reichen Gewächs-, Treib- und Sonnenhäuser ließ Er mit großer Sorgfalt erhalten, und die ihnen vorstehenden geschickten und gebildeten Hofgärtner lieferten die köstlichsten, seltensten Früchte, wie sie das südliche Europa nicht besser hat (…). Am Morgen eines jeden Tages in allen Jahreszeiten, das ganze Jahr durch, wurden dem Könige Früchte aller Gattungen in Körbchen in das Schloß geschickt und auf einen dazu bestimmten großen Tisch in Seiner Wohnstube gestellt. Zettel, beschrieben mit den Namen seiner Kinder, lagen daneben. Das war jeden Tag der Königliche väterliche Morgengruß an Seine Kinder (…)“*[36]

Sprichwort

Das Kind wird besonders schön, wenn das erste Badewasser des Neugeborenen an einen Kirschbaum geschüttet wird.

1822, in der Regierungszeit Friedrich Wilhelm III. wurde der Preußische Gartenbauverein gegründet. Kurz darauf entstanden auf Betreiben dieses Vereines die Landesbaumschule und die Gärtnerlehranstalt. In den Versammlungen tauschten sich die Gärtner und interessierte Laien über ihre Kulturerfahrungen aus. Probleme konnten diskutiert werden und in den jährlich stattfindenden Ausstellungen auch neue Pflanzen und besonders geeignete Fruchtsorten vorgestellt werden.

● Gartendirektor Schulze beschreibt 1824 auf 26 Seiten transportable und feststehende Kirschtreibhäuser sowie ihren Betrieb.[37] Der Erläuterung der beiden Typen von Gewächshäusern stellt er grundlegende Ausführungen voran. Eine genaue Klimabeobachtung muß nach seiner Meinung jeder Treiberei vorausgehen, damit der Gärtner weiß, welche äußeren Bedingungen er um eine bestimmte Frist vorher in seinem Haus simulieren muß und worauf er bei dessen möglichst zweckmäßiger Konstruktion besonders achten muß. An wichtigen Kulturvoraussetzungen beschreibt er den richtigen Winkel der Fenster zur Sonne, Schattierungsmöglichkeiten, Wasserdosierung, Temperaturregelung und Lüftung. Die vor dem Beginn der Treiberei notwendige kurze Frostphase ist ein wichtiger Grund dafür, daß man nicht beliebig früh mit der Gewächshauskultur der frühen Kirschen anfangen kann: *„Man darf daher keinen Baum eher antreiben, bevor derselbe durch allmähliges Ersterben seiner Vegetation bis in den wirklichen Winterschlaf vollkommen gelangt ist (…)"*[38] Nach den gärtnerischen Kulturerfahrungen des Hofgärtners Ferdinand Fintelmann von der Pfaueninsel und mit eigenen technischen Kenntnissen wird dann die eigentliche Kulturzeit beschrie-

'Rote Knorpelkirsche', Redouté, (aus: Duhamel 1835)

ben. Er nennt viele Details wie das Schütteln der Blütenzweige zur Befruchtung in Ermangelung von Insekten.

● Das transportable, schon von Salzmann erwähnte Kirschhaus kann über im Freiland relativ dicht ausgepflanzten Kirschbäumen eine Saison lang aufgestellt werden. Zwei Ruhejahre sollten danach eingehalten werden, in denen sich die Bäume erholen können. Der Vorteil derartiger Häuser ist, daß die viel größeren Freilandpflanzen mehr große und schmackhaftere Früchte liefern können, und daß die Vorbereitung der Kultur vergleichsweise unkompliziert ist. *„Derjenige, welcher eine dergleichen Treiberei in Ausübung bringen will, muß sich bei Zeiten kleine Gruppen von 3, 4 bis 5 halbstämmigen Kirschbäumen anpflanzen, deren Umfang dem Inneren des Hauses angemessen ist. Eine zu große Höhe ist nicht ratsam, weil einmal, die Behandlung des Hauses, je höher, desto beschwerlicher wird, zum anderen Mal, weil die Temperatur in der Höhe und am Fußboden zu ungleichförmig wird. Da dies Haus nur einen Winter hindurch stehen bleibt, im folgenden Jahre aber wieder über andere Bäume aufgestellt wird, so braucht das Mauerwerk hh zur Heitzung i, Canal k und Schornstein l nur mit Lehm aufgemauert, und da, wo es die Nothwendigkeit erfordert, etwas Kalkmörtel angewendet werden.“* [39]

● In den feststehenden Häusern standen als Zwerg- oder Halbstämme veredelte Kübelpflanzen. Das hatte den Vorteil, daß bei einem eventuellen Mißlingen einer Kulturphase andere bereitstehende Kübel nachrücken konnten. Allerdings war die Vorkultur der vom Menschen viel abhängigeren Kübelgewächse weit komplizierter und die Fruchtausbeute von den relativ kleinen Bäumchen auch geringer. Für ein Gelingen der Kübelpflanzen muß die Klimaregelung mit Hilfe von Aufziehläden und Klapp- und Schiebefenstern genauestens beachtet werden.

● Die Berichte des Gartenbauvereins befaßten sich immer wieder mit der Treiberei von Kirschen. Einer der Ausschüsse des Vereins war der von Lenné geleitete für Obstbaumzucht, dem um diese Zeit außerdem die Hofgärtner Carl Fintelmann und Eduard Nietner angehörten. In verschiedenen Gutachten oder Antworten auf Anfragen gingen diese sachkundigen Gärtner auf die verschiedensten Probleme ein, von der Sortenbestimmung über bauliche Details bis hin zu speziellen Kulturfragen. Der Umfang der Anlagen änderte sich bis 1827 kaum. Heute sind keine Kirschhäuser mehr erhalten. GS,CW

Wandmalerei im Haus Friedrichshuld, Phillipsthal

Auf der Pfaueninsel mit ihrem Bestand von 400 alten Eichen, die Friedrich Wilhelm II. 1793 als nördliche Entsprechung der paradiesischen Südseeinsel Tahiti erworben hatte, stand die landschaftsgärtnerische Gestaltung im Vordergrund, so daß eine Gärtnerei mit Gewächshäusern nicht von Nöten war und nicht erbaut wurde. Das blieb auch so unter Friedrich Wilhelm III., als 1804 der erste auf der Insel wohnende Hofgärtner Ferdinand Fintelmann die Sorge für das Eiland übernahm und in die Parklandschaft eine Musterlandwirtschaft nach neuesten Erkenntnissen integriert wurde. Als dann jedoch nach der Ankunft Peter Joseph Lennés dieser ab 1816 gemeinsam mit Fintelmann nur den Nordteil der Insel als geschmückte Landwirtschaft beibehielt und das übrige in eine reiche Parkanlage umwandelte, baute Fintelmann als ein in der Fruchttreiberei erfahrener Gärtner doch einige Treibhäuser und Anziehkästen. Dies geschah an jener Stelle über dem hohen Südufer, an der sich dann die bis heute erhaltene 62 m lange symmetrisch angeordnete Gewächshausanlage entwickelte, die den Besucher rechts von der Landungsstelle auf der Höhe grüßt.[40] Weil er zunächst in privater Initiative handelte, verwendete Fintelmann nur alte Materialien. Er begann, mit dem Treiben von Kirschbäumen zu experimentieren. Die Erfolge hierbei brachten ihm nicht nur Ansehen bei Hofe ein, sondern diese Methode machte ihn auch unter den deutschen Gärtnern bekannt.[41]

● In seinen 1823 im *Preußischen Gartenbauverein* vorgetragenen *Bemerkungen über die Kirschtreiberei* schreibt er:

'Weiße Spanische Knorpelkirsche', (aus: *Bulletin d'arboriculture, 1889*)

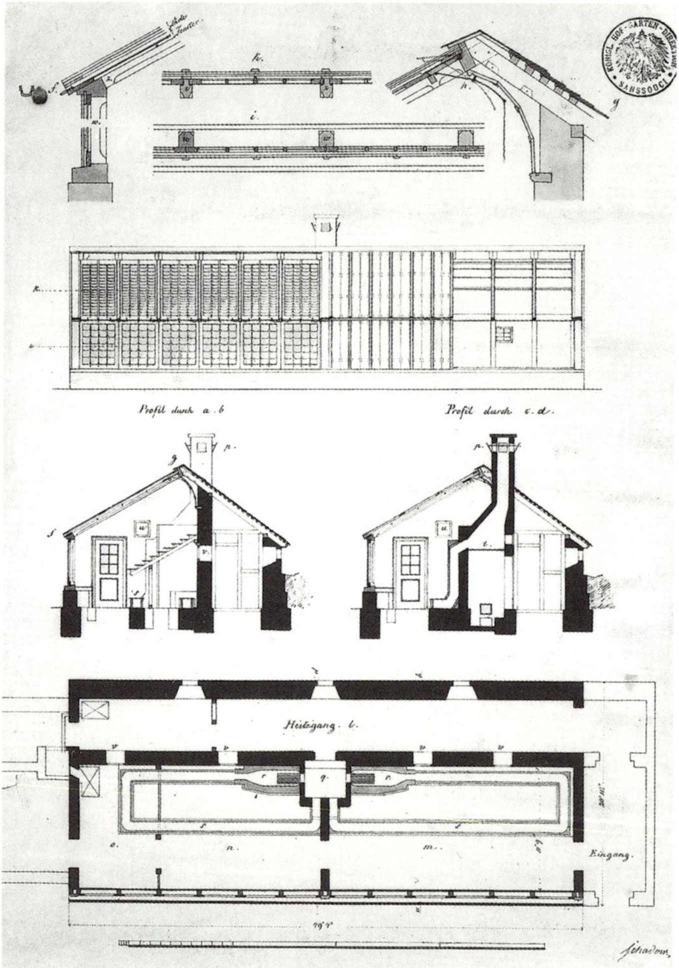

Neues Kirsch- und Blumenhaus auf der Pfaueninsel, Albert Dietrich Schadow, 1833, (Plansammlg. Nr. 7397)

„Um die Bäume mit reifen Früchten auf Tafeln und in Zimmer setzen und leichter transportieren zu können, habe ich die Kirsch- und Pflaumen- und Pfirsichbäume schon früher in gehacktes Moos gepflanzt und ebenfalls gute, auch reichliche Früchte daran gezogen. Die Sägespäne sind aber bequemer zwischen die Wurzel einzufüttern und sind den jungen Wurzeln sehr zuträglich, wie man jetzt beim Auspflanzen der angetriebenen Bäume findet.“ Es wurden aber auch Bäume ein Jahr zuvor, im Herbst oder Frühjahr, in große Kübel oder Töpfe mit Lauberde, gemischt mit Gartensandboden, zum Treiben gesetzt. Durch ein differenziertes System von Anheizen und Abkühlen gelang es, wie er schreibt, gewöhnlich im Februar, Bäume mit völlig reifen Kirschen liefern zu können, manchmal sogar schon im Januar. Im vollen Fruchtschmuck prangende Kübel und Töpfe mit Kirschenbäumchen und auch Einzelkirschen wurden für die Tafel geliefert.

● So vermerkte er am 3. Mai 1823, daß er vom 18. Februar bis zu diesem Tag von der Pfaueninsel *„770 Kirschen geliefert habe, welche fast durchgehends größer und vollkommener waren, als sie im Freien werden“*.[42] Fintelmann war also nicht nur ein tüchtiger Planzeichner und guter Landschaftsgärtner, sondern in der Pflanzenkultur und Treiberei ebenso erfolgreich. Fintelmanns glückliche Hand in der Pflanzenkultur führte dazu, daß 1833 im Zentrum der Gewächshausanlagen auf der Pfaueninsel das 15,48 m lange massive Blumen- und Kirschtreibhaus nach Plänen des Architekten Albert Dietrich Schadow erbaut wurde (Abbildung). Die in der Zeichnung mit *o* bezeichneten Räume sind Kirschquartiere, während der Buchstabe *n* die Blumenquartiere bezeichnet.

Sprichwort

Gefährlich ist es am 22. Juni auf einen Kirschbaum zu steigen, denn ein übler Sturz ist dann so gut wie sicher.

Als Ferdinand Fintelmann 1834 in den Schloßgarten Charlottenburg versetzt wurde, folgte ihm auf der Pfaueninsel sein Neffe Gustav Adolph Fintelmann als Hofgärtner. Er setzte die so erfolgreiche Kirschtreiberei in dem für diese Zwecke gerade erst errichteten Haus fort und vervollkommnete die Methode. In einem 1838 publizierten Aufsatz *Beiträge zur Kirschtreiberei* berichtet er über im Vorherbst in Kübel von 40 cm Durchmesser gepflanzte schwächliche Kirschbäumchen folgendes: „*Solche Bäumchen wurden mehrere in die königlichen Zimmer geliefert, mit 60 bis 70, einer am 4. April 1836 mit 210, ein anderer mit 139, mit 106, mit 104 Früchten, alle aber vor dem 20. April der Jahre 1836 oder 1837 mit gleich reifen Kirschen prangend; vom 9. März bis 16. Mai wurden überhaupt aus zwei sechsfenstrigen Quartieren 1.616 große lieferbare Früchte gepflückt.*“ Über jede bei Hofe abgelieferte Kirsche wurde Buch geführt, und sie wurde gewogen, wobei die Kirschen im Schnitt 8 Gramm auf die Waage brachten. Die größte bei ihm je gezogene Kirsche wog 14 Gramm. Abschließend bemerkt Fintelmann: „*Vor allem aber wurde außer der Schönheit der Früchte ihre Schmackhaftigkeit sehr gerühmt.*“ [43]

● Nach der Jahrhundertmitte wurde die Kirschtreiberei auf der Pfaueninsel aufgegeben. Das ehemalige Kirschtreibhaus ist, wenn auch erheblich verändert, heute als Haus Nr. 3 und 4 in der Kette der Gewächshäuser der Pfaueninsel erhalten. MS

Schon Friedrich II. ließ sich Obst auf Feldzügen und Reisen nachsenden. Sein Gärtner Salzmann kaufte im Januar 1781 *„12 Kästchen zu Kirschen für Seine Majestät den König nach Schlesien à 6 gr."*

● Auch sein Nachfolger Friedrich Wilhelm II. blieb bei diesem Brauch. Am 20. Mai 1794 bestätigte der ihn stets begleitende Geheimkämmerer Ritz den Empfang von Kirschen in Posen. [44]

● Die an den König abgesandten Kirschen waren so kostbar, daß sie einzeln abgezählt wurden. Am 4. März 1814 berichtete Schulze dem Gartenintendanten von Maltzahn, *„daß H. Morsch am 1. März 11 Kirschen inkl. 2 Stck. von Herrn Voß an Se. Majestät den König abgeschickt hat. Dieser war damals auf dem Vormarsch auf Paris. Diese Kirschen konnten schon im Febr. abgesandt werden, aber bei 10–15° Kälte war es nicht ratsam, da aber die letzten Tage bis Februar das Barometer zu fallen anfing, folglich gelindere Witterung zu hoffen war, so riet ich H. Morsch damit zu eilen, welches Bestreben auch durch einige gelinde Tage begünstigt worden ist; und nun mehro müssen sie sich schon in einem gelinderen Clima befinden. Verpackt sind sie sehr gut. Ich habe H. Morsch die Absendung sehr gern überlassen, weil er eine sehr rechtliche Belohnung und Aufmunterung dabei zu fühlen scheint."* Als Friedrich Wilhelm III. im April 1814 in Paris eingezogen war, bewunderte man dort die ihm nachgeschickten *„frischen Bohnen, Erdbeeren, Kirschen, Pflaumen, Pfirsiche, Wein pp."* Am 4. Mai 1814 lieferte Morsch 84, Fintelmann 188 *„vorzüglich schöne"* Kirschen nach Paris.

Zehn Jahre später schickte Hillner 180 Kirschen an den König nach Wien, auch ein einziger Pfirsich und zwei Reineclauden von Morsch waren es wert, auf die Reise nach Wien zu gehen.[45]

Carl Fintelmann äußerte sich 1836 im Gartenbauverein über das zweckmäßige Verpacken verschiedener Obstsorten beim Versand mit Wagen:[46] *„(...) Solche Früchte, welche nicht nachreifen nachdem sie von der Pflanze abgenommen, können nur dann verpackt werden, wenn sie vollkommen reif sind, und dürfen daher auch nur so lange unterwegs bleiben, als sie sich im reifen Zustande schmackhaft erhalten. Hierzu gehören besonders: Erdbeeren, Feigen, Kirschen und Pflaumen."*

Zu *„Sendungen, welche mit der Post geschehen und bei denen die Früchte 24 Stunden oder länger unterwegs bleiben"* schreibt er: *„Hierzu müssen keine Schachteln, sondern leichte Kästen von Laubholz (nicht kienenem* [Kiefern-]*Holze) gewählt werden, auch darf der Raum im Innern nicht mehr als 1/3 Kubikfuß betragen. Der Boden und die Seitenwände eines solchen Kastens werden mit einer Lage Watte belegt, welche durch ein der Größe angemessenes Blatt Seidenpapier festgehalten wird (...)*
Ist der Kasten auf diese Weise bis oben gefüllt, so wird noch so viel Watte aufgelegt, daß sich sämtliche Früchte ohne gedrückt zu werden, nicht bewegen können, und nun der Deckel aufgenagelt.
Bei entfernteren Sendungen (...) muß das Verpacken in leichten Kästen geschehen, wobei jede einzelne Frucht behutsam in Seidenpapier gehüllt, mit wenig Baumwolle umgeben und lagenweise in eine Kiste gepackt wird, bis diese gefüllt ist. Aber auch hier muß zwischen jeder Lage Früchte eine dünne Watte, wie bei den Erdbeeren angegeben, zu liegen kommen. Auf solche Weise verpackt, kön-

nen sie eine Weile von 3, selbst 4 Tagen auf der Post ohne Gefahr bestehen. Werden sie jedoch längere Zeit im verschlossenen Raume gehalten, verlieren sie an Wohlgeschmack (...)“ [47]

● Zur *„Vorbereitung der Kirschen für den Transport“* gehörte auch die von Legeler beschriebene Arbeit, daß *„jede Kirsche zuvor mit einem großen Tuschpinsel in einem Glase mit Wasser, während man sie am Stiele festhält, von allem Staube gereinigt* [wird] *und durch Hin- und Herziehen innerhalb einer in einem seidenen Tuche gebildeten Längsfalte wiederum getrocknet (...)“* [48]

CW, GS

'Kassins Frühe', (aus: *Deutschlands Obstsorten*)

Seit dem Großen Kurfürsten hatten sich die Hohenzollern bemüht, durch Edikte den Obstanbau im Lande zu fördern. Die Bepflanzung von Alleen verlangte aber erst Friedrich II. ausdrücklich. Hierbei machten Obstbäume einen erheblichen Teil aus. Über die damals verwendeten Obstarten gibt es keine Angaben. Lenné und Carl Fintelmann äußerten sich aber im 6. Band der *Verhandlungen* näher zur Pflanzung von Obstbäumen an Landstraßen. Süßkirschen empfahlen sie dort, wo in der Tiefe eine feste Ton- oder Kieslage ansteht oder auf mittleren, nicht zu flachen Böden in geschützter Lage, Sauerkirschen dagegen bei freier, hoher Lage. Sie fügten eine Liste der acht am besten geeigneten Kirschsorten bei. [49]

Kirschen spielen eine besondere Rolle bei der Verschönerung des königlichen Musterguts Bornim, die der Hofgärtner Hermann Sello 1844–48 durchführte. Wie Sello berichtet, wurden an Obstbäumen gepflanzt:

886 saure hochstämmige Kirschen
322 süße dito Kirschen
10.000 Zwergbäume dito in Hecken

„Manche der Hecken wurden aus Kirscharten gebildet, welche das Beschneiden vertragen, wieder andre zu Bildung schöner die Gegend zierender Baummassen." [50]

● Im neuen, von Sello entworfenen Bornimer Gutsgarten war eine große Obstplantage. Hier wurde sogar eine neue Lokalsorte entdeckt, die nach dem Gutsgärtner Wilhelm Knauff benannte *Knauffsche Kirsche.* CW, GS

In Bornim entdeckt: 'Knauffs Schwarze', (aus: *Petzold, Friedrich, 1893*)

In den 1850er Jahren reiste Alexis Lepère junior, Sohn des gleichnamigen Obstgärtners aus Montreuil bei Paris, durch Deutschland und warb für seine Pfirsichzuchtmethode in mauerumgebenen Obstgärten. In Arendsee und Basedow waren die von ihm empfohlenen Anlagen schon gebaut worden. 1856 hielt er im Gartenbauverein *„einen interessanten Vortrag über die Pfirsichzucht in Montreuil und übergab zur gleichen Zeit die vierte und neueste Auflage von seines Vaters Werke: ‚pratique raisonnée de la taille du pecher.'“* [51]

„In den Jahren 1859, 60 und 61 hatte Herr Lepère (...) Ihrer Majestät der Königin Augusta jährlich eine Sammlung vorzüglich großer Pfirsiche, Äpfel und Birnen (...) zu Füßen gelegt, und dabei die Bitte ausgesprochen, ihm Gelegenheit zu geben, dergleichen Früchte auch in den Königlichen Gärten von Sanssouci ziehen zu dürfen. Nachdem Herr Lepère mehrere Male abschläglich beschieden, (...) wurde ihm doch (...) im Sommer 1862 hierzu ein Areal im Königlichen Weinberge beim Belvedere angewiesen; nach seiner Anleitung wurden daselbst im Herbste die hierzu nöthigen Mauern erbaut und das Land zur Aufnahme der Bäume vorbereitet.“

● Die 3 Meter hohen Treibmauern hatten Schutzdächer und Klappläden gegen Nachtfröste während der Blüte. Das Besondere war ihre kammerförmige Anordnung im rechten Winkel, wodurch sie Expositionen nach Süden, Westen und Osten boten und die Wärme mehr hielten. *„Die nöthigen Bäume zur Bepflanzung der Mauern sind von Herrn Lepère aus Frankreich bezogen und damit die Mauern Ende April 1863 auf beiden Seiten mit zum großen Theil schon schön und regelmäßig geformten Pfir-*

sich-, Birn- und Kirsch-Spalierbäumen bepflanzt worden.“[52] Seit dem Jahr 2000 sind die Mauern repariert und auch wieder mit Spalieren bekleidet worden.

● Der berühmte französische Gartenkünstler Edouard André (1840–1911) besuchte 1869 Potsdam. In seinem 1870 kurz vor Ausbruch des deutsch-französischen Krieges veröffentlichten Reisebericht *Un mois en Russie* berichtete er voller Bewunderung von weiteren derartigen Treibmauern, die Lepère in Babelsberg eingerichtet hatte. CW, GS

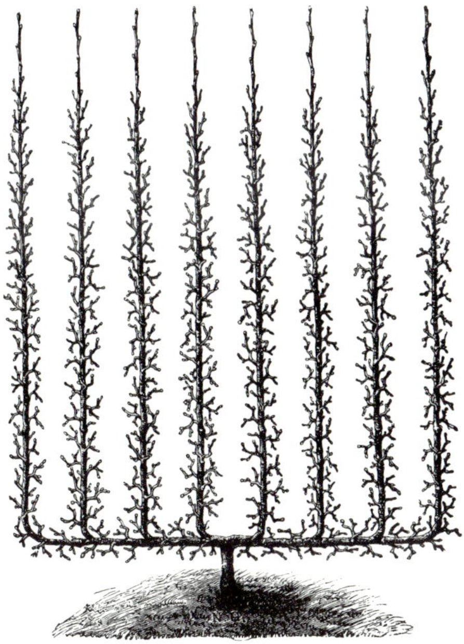

Muster für Spalierkirschen von Nicolaus Gaucher, 1891

Ausblick

Unter Friedrich Wilhelm IV. änderte sich die Situation. Es gab in seiner Zeit bereits viele leistungsstarke Gärtnereien in der Umgebung, die in der Lage waren, den königlichen Hofstaat während der Saison gut und preiswert zu versorgen. Nun konnten sich die Hofgärtner mehr auf Exotisches, Frühtreiberei und Verbesserung der Aufbewahrungsmöglichkeiten spezialisieren.
● Der Küchengarten (Marlygarten) etwa wurde aufgelöst und der landschaftsgärtnerisch umgestaltet. Zwar erzielte noch Hermann Sello in den 1850er Jahren Preise für getriebene Kirschen, doch die Aufmerksamkeit für dieses Thema ging deutlich zurück.
● Um Werder blühte das bekannte Havelländische Obstbaugebiet auf, wie Fontane 1871 schildert.[53] Unter Wilhelm I. und II. stiegen die angekauften Fruchtmengen an, auch weil Importe über größere Distanzen einfacher geworden waren. Die Vorbildfunktion des Hofes für den Obstbau ließ nach. CW, GS

Elßholtz unterschied 1666 fünf Sauer- und neun Süßkirschen. Welche Kirschsorten unter Friedrich in Sanssouci angebaut wurden, ist im einzelnen nicht überliefert. Auch ist es schwierig, Sorten vor 1800 zurückzuverfolgen, da die damaligen Beschreibungen zu ungenau sind. Salzmann beschreibt in seinem Büchlein *Pomologie oder Fruchtlehre* 1774 schon 35 Kirschsorten. [54]

- Die größte Autorität im Obstbau war damals noch Jean de La Quintinye aus Versailles.
- Die älteste nachgewiesene brandenburgische Lokalobstsorte ist die 'Frühe Werdersche Herzkirsche'. In Werder entstanden, wurde sie vom „Plantagengärtner" aus Sanssouci,

Schon Elßholtz erwähnt die 'Wohltragende Holländische', (aus: *Teutscher Obstgärtner*)

versch. Sorten

aus: *Meyer, Konversationslexikon 1875,*

1. Großer Gobet
2. Hedelfinger Riesenkirsche
3. Spanische Glaskirsche
4. Königliche Amarelle
5. Koburger Maiherzkirsche
6. Büttners Späte Rote Knorpelkirsche
7. Winklers Weiße Herzkirsche
8. Ostheimer Weichsel
9. Rote Maikirsche
10. Krügers Herzkirsche
11. Lucienkirsche

12. Süße Frühweichsel
13. Herzogin von Angoulème
14. Königin Hortensia
15. Späte Amarelle
16. Rote Muskateller
17. Große Lange Lotkirsche
18. Große Prinzessinkirsche
19. Dönissens Gelbe Knorpe kirsche
20. Große Schwarze Knorpelkirsche.

Wilhelm Sello, 1794 an Christoph Freiherrn von Truchseß auf Bettenburg (Franken) gesandt.

● Ein Beispiel von den Kirschsorten, die im beginnenden Zeitalter der Pomologie in Brandenburg wirklich gezogen und verbreitet wurden, zeigt das handschriftlich überlieferte Sortiment der königlichen Baumschule zu Malchow 1791. [55]

● Als Lieblingskirsche Friedrichs II. wird die 'Leopoldskirsche' genannt. Es ist jedoch unsicher, ob es dieselbe war, die noch heute in Marquardt unter diesem Namen kultiviert wird.[56] Für die Treiberei wurden ausschließlich Sauerkirschen verwendet. Salzmann nennt noch eine ganze Reihe Sorten, darunter 'Doppelte Maikirsche', 'Prager Muskateller' und alle Glaskirschen.[57] Schulze nennt 'Doppelte Maikirsche', 'Prager Muskateller' und 'Pfälzer'. Ferdinand Fintelmann auf der Pfaueninsel verwendete 'Pfälzer Süße Maikirsche' und 'Prager Muskateller'. Legeler und Nietner schreiben, daß 'Kurzstielige Doppelte Maikirsche,' 'Pfälzer Maikirsche' und 'Prager Muskateller' geeignet seien. Daß die 'Pfälzer Maikirsche' in Sanssouci angebaut wurde, beweist eine Lieferung Heyderts an Eckstein im Januar 1781: Er berechnete vier Halbstämme „Velsser".[58] Zur Spalierzucht an verglasten Mauern eignen sich nach Legeler und Nietner ebenfalls nur Sauerkirschen, nämlich Glaskirschen und Südweichseln.

● In der königlichen Landesbaumschule Potsdam standen nach ihrer Gründung 1829 schon 22 Kirschsorten im Angebot. 1842 waren es 41 Sorten, 1855 bereits 75, nach Bereinigung 1868 nur noch 62, auf drei verschiedenen Unterlagen, Sauerkirsche, Vogelkirsche und Steinweichsel.[59] In der Sammlung waren noch weit mehr Sorten vorhanden. Carl Fintelmann meinte 1839 nicht weniger als 496 Sauer- und 498 Süßkirschensorten zu kennen!

● 1854 verfaßte der Gartenbauverein einen Aufruf an die Pomologen und Obstbaumzüchter Deutschlands. Unter der Masse der Obstsorten sollten die für das jeweilige Klima und die Bodenbeschaffenheit geeignetsten und ertragreichsten Sorten angegeben werden. Aus der hiesigen Region beteiligten sich der Generalleutnant von Pochhammer (Berlin), die Baumschule Lorberg (Berlin) und der Obergärtner der Landesbaumschule Gustav Zarnack (Alt-Geltow).[60] So konnten in der Folgezeit die Sortimente reduziert werden, was zwar eine Verminderung der Vielfalt, aber im Gegenzug eine höhere Ertragssicherheit zur Folge hatte.

● Insbesondere unter Lennés Nachfolger Ferdinand Jühlke wurden in der Gärtnerlehranstalt die wissenschaftlichen Grundlagen des Obstbaus und der Pomologie erarbeitet und gelehrt. Jühlke reorganisierte die Gärtnerlehranstalt am Wildpark mit einem Schwerpunkt auf Pomologie. Seit 1870 veranstaltete er Obstausstellungen im Lehrsaal der Anstalt. Der Inspektor der Gärtnerlehranstalt Wilhelm Lauche wurde hier zu einem bedeutenden Pomologen. Er arbeitete eng mit den Werderschen Obstbauern zusammen. Schon 1855 führte die Landesbaumschule sechs „*Kirschsorten von Werder*" als besondere Gruppe an. Von der großen Zahl Werderscher Lokalsorten Ende des 19. Jahrhunderts haben sich bis heute nur wenige halten können.

● Weil Potsdam sich zu einem Zentrum der Pomologie entwickelt hatte, legte der Deutsche Pomologenverein die VIII. Jahresversammlung der deutschen Pomologen und Obstzüch-

In Sanssouci entdeckt: Die 'Frühe Werdersche Herzkirsche', (aus: *Deutsches Obstcabinet, 1857*)

ter im Herbst 1877 nach Potsdam. Der Kaiser genehmigte die Benutzung der Orangerie vor der Einräumung der Pflanzen. Das Kronprinzenpaar, das selbst am Neuen Palais einen Obstgarten angelegt hatte, besuchte die Ausstellung. Im Muttergarten der Anstalt am Neuen Palais standen jeweils 50 Sorten Äpfel, Birnen, Kirschen und Pflaumen, alles nur die in Brandenburg am besten gedeihenden Sorten. In seinem seit 1879 erschienenenen vierbändigen Prachtwerk *Deutsche Pomologie* plädiert Lauche für eine Sortimentsbereinigung. Er beschränkt sich hier konsequent auf 25 Kirschsorten. Der Verfasser widmete das Werk seiner Nachbarin im Neuen Palais, der preußischen Kronprinzessin.

● Im 20. Jahrhundert führte forcierte „Bereinigung" zu einer Verarmung der lokalen Sortimente. Die meisten alten Sorten sind verschollen. Die heute als alte lokale Kirschsorte angebotene 'Kassins Frühe' etwa wurde dagegen in den Quellen des 19. Jahrhunderts noch gar nicht erwähnt. Nach 1990 besann man sich in Potsdam wieder auf die alten Sorten. Auf der um 1900 angelegten Streuobstwiese beim Sacrower Schloß stehen z.B. Exemplare der 'Großen Schwarzen Knorpelkirsche', der 'Weißen Spanischen Knorpelkirsche', der 'Großen Prinzessinkirsche' und 'Büttners Roter Knorpelkirsche'. In den Obstplantagen in Bornim und Marquardt etwa pflanzten engagierte Obstbauer wieder vermehrt traditionelle Sorten an, die man dort selbst ernten darf.

CW

Häufig genannte Kirschen in Potsdam, nach Alter geordnet. Die Sauerkirschen sind kursiv gesetzt.

	Erstnachweis	Elßholtz 1666	Salzmann 1774	Malchow 1791	Potsdam 1829	Fintelmann 1839	Potsdam 1842	Berlin 1854	Potsdam 1855	Potsdam 1868	Koch 1876	Lauche 1882	Noch vorhanden
Große Schwarze Knorpel	1540		●	●	●			●	●		●	●	●
Flamentiner	1629					●		●	●	●			●
Weiße Spanische Knorpel	1666	●			●			●	●	●			●
Holländische Prinzessin	1667			●		●		●	●	●	●	●	●
Schöne von Rocmont	1760					●		●	●	●			
Ochsen-Herz	1785					●	●		●	●			
Süße Mai-Herz	1789					●		●	●	●			
(Große) Frühe Mai-Herz	1792				●	●	●			●			
Frühe Werdersche Herz	1794				●	●	●	●	●	●			
Büttners Rote Knorpel	1795					●		●	●	●	●	●	●
Elton	1806							●	●	●	●		●
Krügers (Schwarze) Herz	1810					●					●	●	●
Fromms (Schwarze) Herz	1819					●					●	●	●
Dönissens Gelbe Knorpel	1825					●					●	●	●
Heldefinger Riesen	1850										●	●	●
Schneiders Späte Knorpel	1860										●	●	●
Schattenmorelle	1590	●	●	●				●	●	●		●	●
Großer Gobet	1628		●	●		●		●					●
Wohltragende Holländische	1666	●				●			●				
Schwarze Doktorkirsche	1667				●	●	●		●	●			
Ostheimer Weichsel	1714					●				●		●	●
(Doppelte) van der Natte	1760		●	●	●	●	●		●	●			
Prager Muskateller	1770		●	●				●	●	●			
Rote Oranien	1771		●	●		●			●				
Spanische Glas						●		●		●		●	●
Leopolds	1772		●	●	●	●	●	●	●		●	●	●
Pfälzer Maikirsche	1774		●			●		●					
Jerusalem	1776					●	●	●	●	●			

Quellennachweise

1 Elßholtz, *Vom Garten-Bauw* (1666), 3. Aufl Cölln a. d. Spree 1684 (Repr. Leipzig 1987), S. 61; 2 Elßholtz, *Diaeteticon*, Cölln a. d. Spree 1682 (Repr. Leipzig 1984); 3 Davidis, Henriette: *Kochbuch*, 1877; 4 Kühn, Margarete: *Die Gärten Friedrichs des Großen*. In: Brandenburg. Jbb. 14/15, 1939, S. 40; 5 zit. bei Kühn, S. 36; 6 Eduard Vehse: *Berliner Hofgeschichten*. Düsseldorf 1970, S. 144; 7 Kopisch, August: *Geschichte der kgl. Schlösser und Gärten zu Potsdam*. Berlin 1854, S. 93; 8 Jühlke, Ferdinand: *Die Kgl. Landesbauschmiede und Gärtnerlehranstalt*, Berlin 1872, S. 13; 9 Faginus, Ernestus: *Dispensatorium Regium Borusso-Brandenburgicum*, Erfurt 1758; 10 GStA PK, I. HA., Rep. 36 Nr. 2809; 11 Manger, Heinrich Ludwig: *Baugeschichte von Potsdam*, Berlin 1789–1790, S. 80 f.; 12 Manger, S. 80; 13 Kopisch, S. 93; K. schreibt diese Treibereien irrtümlich Sello zu.; 14 Ebd.; 15 Ebd.; 16 Niedersächs. StA Oldenburg, Bestand 271–25 Nr. 52, Nachlaß Karoline Schulze, Nr. 73 (46); 17 Nachlaß K. Schulze, Nr. 87 (79); 18 Höckendorf, Paul: *Sans-Souci zur Zeit Friedrichs d. Gr. und heute*, Berlin 1903, S. 15; 19 GStA PK, I. HA., Rep. 36, Nr. 3439, p. 14 f.; 20 Karg, Detlef: *Die Entwicklungsgeschichte der Terrassenanlage und der Parterres vor dem Schloß Sanssouci*, 2. Aufl Potsdam, 1994, S. 19; 21 Nachlaß K. Schulze, Nr. 28 (39); 22 Nicht klar ist, ob es sich um eßbare oder Wildkirschen handelte.; 23 Nachlaß K. Schulze, Nr. 48 (57); 24 Nachlaß K. Schulze, Nr. 49 (38); 25 Seiler, Michael: Friedrich Zacharias Saltzmann. In: *Nichts gedeiht ohne Pflege*. Potsdam 2001, S. 211–220; 26 Salzmann, Friedrich Zacharias: *Kurzgefaßte, aber doch ausführliche holländische Fruchttreiberei*. Berlin 1783, 2. Aufl 1787; 27 Jühlke, S. 18; 28 Nachlaß K. Schulze, Nr. 62 (35); 29 Nachlaß K. Schulze, Nr. 57 (24); 30 Nachlaß K. Schulze, Nr. 62 (35); 31 Nachlaß K. Schulze, Nr. 53 (49); 32 Nachlaß K. Schulze, Nr. 57 (24); 33 Legeler, Wilhelm; Eduard Nietner: *Die Treiberei*. Potsdam 1842, S. 109 ff; 34 Nachlaß K. Schulze, Nr. 87 (79); 35 Kopisch, S. 143; 36 Rulemann F. Eylert, *Charakterzüge und hist. Fragmente*, Magdeburg 1843, 1. Teil S. 18 f.; 37 *Verh. d. Vereins z. Beförderung des Gartenbaues in den Kgl. Preuß. Staaten*, 1 (1824), S. 209 ff.; 38 Verhandlungen 1 (1824), S. 214; 39 Ebd. S. 293 f.; 40 M. Seiler, *Die Gewächshäuser auf der Pfaueninsel*, in: Jbb. für brandenburg. Landesgesch., 34 (1983), S. 39–67; 41 G. A. Fintelmann: *Beiträge zur Kirschtreiberei*. In: Allg. Gartenzeitung 6 (1838), S. 73, 76; 42 F. Fintelmann, *Bemerkungen über Kirschtreiberei*, in: Verhandlungen, 1 (1824), S. 177–184; 43 G. A. Fintelmann, *Beiträge zur Kirschtreiberei*, in: Allgemeine Gartenzeitung, 6 (1838), S. 73–77; 44 Nachlaß K. Schulze, Nr. 77 (26C); 45 Nachlaß K. Schulze, Nr. 64 (59); 46 Siehe auch in: Fintelmann, Carl J., *Praktische Anleitung zur Fruchttreiberei*. Potsdam 1837; 47 Verhandlungen, 11 (1837), S. 267 f; 48 Legeler/Nietner, S. LII; 49 Verhandlungen 6 (1830), S. 118 ff.; 50 Kopisch, S. 209 f.; 51 Verhandlungen, N. R. 4. (1856), S. LIII, LVI und LVII; 52 *Mitt. d. Vereins f. d. Geschichte Potsdams*, 1 (1862–63), S. 45 f; 53 Theodor Fontane: *Wanderungen durch die Mark Brandenburg*, 3. Teil. Berlin 1977, S. 489; 54 Salzmann, Friedrich Zacharias: *Pomologia oder Fruchtlehre*. Potsdam 1774, 2. Aufl Berlin 1793; 55 Nachlaß K. Schulze, Nr. 72 (66a); 56 Lucas/Oberdiek: *Ill. Handbuch der Obstkunde* Bd. 6 Ravensberg 1870, S. 382 f.; 57 Salzmann, *Frühtreiberey*, 1783, S. 63; 58 Nachlaß K. Schulze, Nr. 54 (10) ; 59 *Verzeichnisse von Obst-Bäumen und Frucht-Sträuchern der Kgl. Landes-Baumschule zu Potsdam* 1823/24, 1828/29, 1842/43 und 1855/56.; 60 Verhandlungen, N.R. 2 (1854), S. 271 ff.

Autoren

Marina Heilmeyer ● ist freie Mitarbeiterin des Botanischen Garten und Botanischen Museum Berlin-Dahlem.

Dipl. Ing. Gerd Schurig ● ist wissenschaflicher Mitarbeiter der Gartendirektion in Sanssouci.

Prof. Dr. Michael Seiler ● ist Gartendirektor in Sanssouci.

Dr. habil. Clemens Alexander Wimmer ● ist freier Gartenschriftsteller in Potsdam.

Dem ersten Band dieser Reihe
werden weitere
Potsdamer Pomologische Geschichten
über Erdbeeren, Orangen,
Feigen, Trauben,
Äpfel und andere folgen.

Impressum

Herausgeberin der Reihe
Marina Heilmeyer
Redaktion
Clemens Alexander Wimmer

Bildnachweis
Dr. Baldur Martin, Werder (8)
Dr. Clemens Alexander Wimmer, Potsdam (9)
Marina Heilmeyer, Berlin (11, 14, 16, 24, 26, 48, 79, 82, 88)
FH-Potsdam, Restaurierung (73)
Kunsthistorisches Museum Wien (21)
SMB PK, Gemäldegalerie (18)
Staatliche Kunstsammlungen Dresden (42)
Städtische Kunstsammlung Frankfurt (25)
Stiftung Preußische Schlösser und Gärten Berlin-Brandenburg, Potsdam
(44, 47, 51, 54, 64, 67, 68, 76)
Bücherei des Deutschen Gartenbaues, Berlin (übrige)

Gestaltung
Tonja Heilmeyer und Betina Müller
gesetzt aus der Optima Regular und Oblique
und der Bodoni Old Face Regular, Italic, Caps und Expert

Druck und Bindung
Christian und Cornelius Rüss, Potsdam

Potsdam, September 2001

ISBN 3-930752-18-2